成功へのプロデュース思考

成功する人

加藤 友康

元就出版社

A Producer with a Promise—Success

加藤 友康 TOMOYASU KATO

1965年生、35歳。あらゆるレジャー事業を手掛けるトッププロデューサー。

トータルなプロデュースの必要性を唱え、企画・開発から運営まで自ら実践するヒットメーカー。

カトープレジャーグループ関連8社の代表。

著書に『変貌する欲望空間』(1995年刊)、『商内革命』(1997年刊)。

KPG WORKS

TOTAL PRODUCE

- HOTEL
- BRIDAL
- RESTAURANT
- RESORT
- FITNESS
- SPA
- MUSEUM
- GIFT
- PUBLIC ENTERPRISE
- INSURANCE
- REALESTATE

成功へのプロデュース思考

Iyoyaka no sato
Kishiwada, Osaka
1999 May Open
Exterior

Chapel Coconuts
Fukuoka
70rooms
1999. March Open
Exterior

BOUTIQUE

Hotel Chapel Chistmas
Narita, Chiba
24rooms
1999.December Open
Exterior

HOTEL CHAPEL CHRISTMAS
HOTEL CHAPEL
料金
タイム
4,900
時間制
泊
12時
(金・土・祝前日除く)
¥6,900

Hotel Chapel Chistmas
Kumamoto
18rooms
1999. Jun Open
Exterior

CHAPEL
COCONUTS

Tsurutontan
Soemoncho, Osaka
1989. Jun Open
Exterior

TOMOYASU KATO

SPECIAL THANKS

HIDETO MATSUSHITA ◆ XEBEC Co.,Ltd.

SHIMAKO SUGIMOTO ◆ BRILLER

MASAYA HAYAMA ◆ FREAK ART GRAPHIS

HIROJI YONEKAWA ◆ STUDIO Y's

YOSHITAKA OBANA ◆ UPS Co.,Ltd.

TOSHIKI YANO ◆ DAIFUKU KIKAKU Co.,Ltd.

MASASHI HAMA ◆ GENSYU SHUPPANSHA

KATO PLEASURE GROUP

◆

SEIZABURO KATO

KUNIKO KAYAMA

ALL STAFF

ALL CONNECTIONS

ALL CLIENTS

ALL CUSTOMERS

まえがき

現在、時代は大きな変化を迎えています。国内外を問わず政治、経済、ビジネスの現場、生活の場においても、これまでの常識が常識ではなくなり、次々に新しい世界ができ上がるという状況です。これまでに日本の経済を支えてきた企業があっという間に倒産し、また倒産しないまでも、他の資本に吸収合併されるということが、過去に例のない速度で行われています。

また、事業を行う人材においても雇用形態が著しく変わり、これまで当然と考えられてきた定年制、年金制度が今後確実なものではなくなりつつあるようです。大企業への就職、また年齢や就業年数による安定は望めなくなり、個人の能力の高さを企業は求め、個人が成功を創る時代になりつつあるのです。

そこで、この大変な時代を勝ち残るために「成功する人とはどんな人なのだろうか？」ということを私なりに考えてみました。

人生はもちろんヒトが創り、企業はヒトが創るという意味において、目標を達成するためには精神的な部分が大きくかかわってきます。そしてそれを成功させるのと、失敗に終わらせるのでは個人の人生において雲泥の差があります。

成功するという強い信念を持ち、その信念を貫き通すという堅い決意が必要です。その目標を必ず達成する志を持っていれば、おのずと仕事や人生に対する姿勢や、考え方にあらわれてくるものでしょう。成功するんだという強い精神力こそ、新たな成功を生むのです。

私がプロデュース事業を通じてお会いした、たくさんの成功者といえる方々の成功理由を体系化してみて気づいたことは、成功する人にはいろんなタイプの人がおられますが、成功という目標に向かっての取り組む姿勢は、みな大きく異なることはないということです。

数々の諸先輩方の成功を客観的にみれば、成功への目標にはそれぞれのテーマがあり、手法というものは人の数だけありますが、成功への道には共通することが多いということを感じます。反対に、その道とはほんの少し違う角度や方向を歩んでしまうと、結果的には失敗を招くことにもなりかねないのです。

もちろん私自身もまた、成功へ向かって修練し努力する毎日ではあります。現在では、クライアントやお取り引き先さま方、また努力をいとわず一生懸命働いてくれるスタッフに恵まれ、事業はいささか順調に進んでいますが、成功者というにはまだまだほど遠く、いつの日にか自分自身納得できる成功をしたいと願い、またその日をみなで喜べるよう日夜勉強しています。

今日の厳しい社会情勢の中で成功していない、成功について考えあぐねている方も多いことを痛感しております。しかし今もなお、事業を成功させておられる方、人生を有意義に過ごしていらっしゃる方、技を磨かれた方々に巡り合えたことを私の人生の喜びと感じております。

そこで非常に僭越ではありますが、私が「ああこんな人生を歩みたい」とお手本にさせていただいた諸先輩方の考えを基本に、プロデュース事業という成功させることを目的とする仕事を通じ、人生において、またビジネスでの局面で、成功を勝ち取るための手法を本書にまとめさせていただきました。

なお、私の前著『商内革命　成功へのプロデュース思考』の最終章で記した経営指針（「成功への提言・10項」）について、読者の方々から詳しい内容についての多くのご要望をいただき、本書ではより具体的に記しました。

本書が現在事業を営んでいる方、今後事業家を目指す方、またこれからの人生を有意義に過ごしたいと考えておられる方に、少しでも参考になれば幸いです。

一章　世の中の現状を知る

社会人として、世の中の現状を知るということは重要なことである。社会の中で生き、社会とともに暮らす我々は現在の世界や日本の政治、経済、また産業動向を把握しておくことは必要不可欠な要素となる。

しかし、一方では大勢という大きな流れが、決してすべて正しいことではないということを、認識しておくべきである。世の中を取り巻く現状の中で、どのような判断をし、どのような行動をとるのかを決めるのは自分自身である。

常に自分の意志において正しく判断し、毅然とした行動をとることが成功を創る大きな要因となるのである。

銀行と事業主の健全な関係

現在、日本の経済は金融機関がことごとく破綻しているという、過去に例のない異常な現象が起きている。それは金融機関の融資の体制に大きな問題がある。事業というのは本来、事業主、事業内容、過去の実績、資産、将来性やプロジェクトの内容など様々な要素のバランスをコントロールしながら成り立っていくものだ。

そして金融機関もまた一つの事業に融資する時には、バランスコントロールを見極めることが重要である。経営者の資質、事業性、会社の資産という様々な要素をもとに、総合的な経営力を見極めた上で、その事業が成功すると確信しなければ融資はするべきではない。にもかかわらずその点を軽視し、返済能力を持たない事業に融資した。

その結果銀行は逼迫し、その打開策として、税金補塡がされているのだ。現在、何十兆円もの税金補塡により、金融機関を援助しているという不条理な結果を招いている。

私は事業家として銀行とのお取り引きはあるが、すべてを金融機関に頼るという経営はしていないので経営に支障はないけれど、当初の約束が、そのつど変わっていくのは理解できないところだ。契約内容にしたがってこちらが実行しているにもかかわらず、「破綻したので契約が守れない」、「行政の政策が変わったので」と平気でいうのである。

例えば、以前あるお取り引き先の銀行から「ご融資させていただきたいので、ぜひうちの銀行とお取り引きしてください」というので、事業資金として一億円を借りるため、十年のファイナンスを組むことにした。

その時、銀行の担当者は、「この事業性はよくわかりますが、十年のファイナンスといっても現在の規定では五年くらいしかできないので、五年後に一括弁済という形にしておかないと稟議が通りません。今そうしておいて五年後に、また再度延長という形にさせていただきますから、このファイナンスを組んでください」という約束のもとでファイナンスを組んだ。半分の五千万円を五年で返済し、その後、残った五千万円を新たに五年で返済するということだ。

私はその約束を実行するべく、五年間で半分を返済した。しかし、その後五年が経って担当者がかわった時、「約束弁済証はここで一括弁済していただくことになっています。もしできなければ他のものについて何か考えてください」というのだ。

私の会社は金融機関を全面的に頼った経営をしておらず、余力もあるので、その時点で一括弁済した。しかし、私の事業性は十年だといってあるにもかかわらず、当初の約束が守られなかったことに憤慨した。

では、その余力のない事業の場合どういうことになるのだろうか。金融機関に頼りきった事業主にも問題はあるにせよ、約束を平気で破る銀行の責任は大きいのではないだろうか。

当初の約束事、要するに商取引には商道徳というものが必ず存在し、その商道徳の中でお互い事業を行っていくべきだ。

本来、銀行とは企業が行う事業に対しお金を貸し、成功をサポートするのがその役割であるはずだ。人さまのお金を預かっているのだから、それを運用するには誠実な心を持つという当たり前の体制ができているべきである。

本音と建て前を使い分けながら行っていては、いつか辻褄があわなくなる。事業主が成功してこそ融資する意義があるのだ。真の経営の成功を見極め、誠実な心で取り引きを行うことが、本来の銀行の姿ではないだろうか。

クレジット社会は幸せの先取り

今後の家庭経営を占う上では、クレジット社会の進展を無視することはできない。二億枚を超えるクレジットカードが氾濫するわが国では、カードとうまく付き合う方法とともに、クレジット（信用）に対する認識をよりいっそう深める必要性が大きい。

今日では流通系、メーカー系、信販系、銀行系などの各機関から発行されるクレジットカードは年々市場が拡大している。一九九五年の新規給与高は約七十三兆円、同年の消費者信用返済額の家計可処分所得に占める比率は、実に二十二・一パーセントに及んでいるという。今やクレジットカードを所有していることは当たり前であり、個人が複数のカードを所有していることも珍しくない。

また、住宅ローンを除く個人や、家庭向けローンの総称でもある消費者ローンがある。これは主に無担保、無保証の貸付方式で、貸し借りのリスクが大きいため、金利は比較的高く設定されているので、消費者にとっては敷居が高かった。しかし最近では変動金利型に切り替えることで、従来よりも低い設定のものも増えている。さらに無人契約受付機の普及で消費者にとっては、ますます身近なものとなったのだ。

このようにクレジット社会の拡大にともなって、一方では無謀な借り入れによって多重負債や、自己破産に追い込まれ、生活破綻におちいる個人が増えている。ひと昔前に消費者金融で首が回らなくなるサラ金地獄が社会問題となったが、今日ではカード地獄という言葉も生まれ、実際には同一人物がサラ金、個人ローン、カードローンの債務を負う多重債務者が少なくない。

返済不能となったら行き着く先は自己破産であり、その件数は年々増え続け、一九九七年にはついに五万四九五件にも達した。

これは非常にばかげた現象である。もちろんクレジット会社の側にも問題はある。消費者の支払能力を見極めず、会社の収益を上げるためだけに、金銭の取り引きを売り出すということは、他の業種では考えられないことだ。

しかし、自分自身の生活にあわないものをクレジットで賄うということに、消費者は疑問を覚えなければならない。借金をしているという自覚がないままに、自分の収入や貯蓄でもないクレジットというものにすがっていては、いつか生活に行き詰まってしまう。きちんとした生活プランも持たずに、所得に不相応な遊びやブランド商品を購入するということに麻痺してはいけないのだ。

クレジットカードは決して自分の預金通帳ではなく、それで買うモノやカネは借金によるものだと、考えなければいけない。

いわば幸福の先取りとでもいうような社会現象にまどわされてはいけない。クレジットとは信用であり、個人の信用を簡単に取り引きすべきものではない。

また一度失った信用を取り戻すことほど労力のいることはない。今歯止めをかけておかなければ、将来間違いなく後悔するだろうし、成功への大きな回り道になるだろう。

ファンドにコントロールされるべからず

アメリカのファンドとは今日では一般化した言葉である。しかし、アメリカと日本という国の違いは、ここで改めていうまでもないが、アメリカの仕組みづくりを、我々日本人がそのまま受け入れることはない。

バブル崩壊後、日本の銀行が軒並みに潰れ、不況の続く現在の弱い日本は政治、経済、また金融システムまでも、アメリカのコントロールによって大きく変革されようとしている。国際関係、主に金融取引において、正しいパートナーシップを叫びながら、現在の状況を想定し、強いアメリカの大きな力のコントロールによって映し出された、まるでドラマのような展開を感じる。

ファンドビジネスとは、企業や個人の資金の運用や、調達という金融機関の本来の業務である。例えば一九九二年五月に証券各社から発売されたＭＭＦ（マネージメント・ファンド）が、最近では定着している。

バブル崩壊後、日本の各金融機関では低金利が定着し、個人による金融商品が選別される中で、このＭＭＦは比較的高い利回りと流動性を併せ持つという理由で人気があるようだ。

発売当初は百万円であった最低預け入れ額も、後に五十万円から十万円に引き下げられ、さらに上限百万円までの即日換金も可能になった。

これまでファンドというもの自体意識になく、真面目に働き、計画的に貯蓄していくという日本人も、不況下では高利回りという魅力には勝てなかった。ファンドというものを身近な存在と受け入れたのだ。

そして現在では外資系投信会社の相次ぐ参入により、直接投資家に販売するダイレクト・ファンドや、販売手数料無料のノーロードファンドなどの、新手の株式投信も登場している。ダイレクト・ファンドなどは、証券会社の窓口を介さず、郵便や電話、ファックス、インターネットなどを利用して投信会社が投資家に直接販売する。主に国内証券と資本関係を持たない外資系投信会社が手がける投資信託である。証券会社を経由しないため、手数料や信託報酬が割安で、運用実績に定評のあるものが多い。

また、「年利回り二十〜三十は当たり前」などといわれるヘッジ・ファンドは、以前最低投資金額が五千万円から数億円ということから、もともと富裕層の資産運用として発展したもので、一般の個人には手の届かないものであった。ところが世界有数のヘッジ・ファンドや先物運用会社を選び、それらのファンドを一つにまとめて商品化したものが、最近日本でも個人投資向けに投信の形で登場した。

このように外貨の国債ファンドも現在では通常化されている。しかしニューヨーク証券市場を始め、世界的な景気の上昇に湧くアメリカの投機家の、政略的な為替コントロールを感じる。高利回りというが、どういうものに投資しているのかわからず、結局は外貨獲得のための、ファンドというものに投資しているといった状態である。

日本のこれまでの堅実な金融機関も、それが当たり前のように国民に提案しているが、考えてみるとこれは危険なことではないだろうか。

私の会社でも、いわゆる高利回りの資金運用を提案している。企業としてのノウハウと経験を詰め込んだ、非常に計画性のあるものである。もちろん着実な成果を上げ、確実に貯蓄できるというもので、実績もありクライアントの方々の信頼をいただいている。それは日本人である我々が、国内で日本人に向けて提案しているものだからではないだろうか。

何も国内だからすべてよいというのではない。しかし、少なくとも金銭を取り引きするという行為においては、ただ儲かるというだけではなく、きちんとした情報を把握し、その流動性を知っておかなければいけない。自分の資産や資金は、他の国や力にコントロールされるべきではなく、あくまでも自分自身で運用していくべきである。

グローバル・スタンダードのばからしさ

一九九六年のリヨン・サミット以来、グローバル化が世界経済の現在の、トレンドを示すキーワードとなってきた。

東西冷戦終結後、市場経済は世界的に広がった。これにより生産の国際化が進み、資金、人、資源、技術などの生産要素が国境を越えて移動し、貿易も大きく伸びた。各国経済の開放体制と、世界経済への統合化が進むという現象が生まれたのだ。それとともにコンピュータ、マルチメディアなど情報通信のネットワーク化も進展し、世界経済の一体化が飛躍的に進んでいる。

だが他方で、グローバル化には陰の面もある。市場経済にともなう競争激化、貧富や地域格差の増大、環境破壊、金融・通貨面での投機をコントロールする人がいる。さらに失業問題、汚職や脱税の国際化など、グローバル化の波は国家中心の経済システムを大きく揺さぶりつつあるのだ。

グローバル・スタンダードとは、日本人が経営方針などに使い出した一種の和製英語であるが、本来は世界共通基準という意味である。これまでの自国においてのルールだけにしたがっていては、グローバル化が進む時代において世界に取り残されていく。時代の変革にともなって、これまで通用してきた日本のルールも、ここにきて基準を世界とし、世界共通のルールにしたがっていこうという考えだ。

しかし、グローバル・スタンダードもある意味ではファンドと同じで、アメリカのコントロールによるものを感じる。日本の企業がすべて世界水準の中で経営していかなければならない、また世界の経済を一定化させなければならないというのには私は首をかしげる。

日本の企業の中でも、そういう方向性を打ち出しているところもあるが、すべてが世界共通で、世界ルールに何もかもしたがわなければいけないというのは理解できないところだ。

アメリカのコントロールによって、日本企業の経営の素晴らしいところが削られて、高度経済成長に代表される日本人の精神と知恵、チームプレーで創り上げてきたものをなくす必要はない。

本来、日本には日本の、アメリカにはアメリカの経営システムがあり、それは根本的に違って当然のものである。ある意味では、世界共通のルールは確かに必要かもしれない。日本の市場や経済には間違っているものはあるし、改めなければならないものもある。世界を基準にしたことで自国を客観的に見ることができ、それら悪因を改められるのならば、グローバル化は素晴らしい要素となるだろう。しかし、自国の素晴らしいものをなくしてしまう仕組みを全面的に受け入れる必要はない。

他国や世界にコントロールされるのではなく、日本人らしいやり方のグローバル化への対応であるならば、それは日本のためになり、結果として日本でのグローバル・スタンダードが本物になる。それが新たな日本の発展への強力な味方となるだろう。

手形というシステムの不思議

金融システムには様々なものがあるが、私が事業家として認識している金融システムの中で、事業経営における金銭の流通で、最高にして最大のものは現金商売であるということだ。私ももちろん現金主義であり、プロデュースをする事業では、着手する時点で前金を現金でお支払いいただいている。クライアントが非常にいい方々なので、私の考え方をご理解いただいている。これまでもすべての事業において、ほとんどが現金で請求させていただいている。もちろんお取り引き先さまについても、現金でお支払いをさせていただいている。たとえ締め払いであっても、一カ月以内にはお支払いしている。何十億であっても、それは変わらない。そういう商売のやり方をしているので、金融システムについては無頓着なところがあり、無知なところもある。

しかし事業の運営に携わっている私にとって、現金ほど大切なものはないと考える。誠実に事業をしようとすれば当然、現金主義になるはずである。要するに現金で仕入れ、現金で売り、現金で決済するということだ。

しかし今日では、日本の大きな金額を動かしているゼネコンや商社など、また一般の企業の方々に話を聞いていると、手形というものが、当たり前のように金融システムに取り入れられている。

手形とは、今買ったものの支払いを三カ月先や半年先に行うというシステムである。それで資金繰りをしている企業がほとんどである。手形で資金繰りをしているということは、以前に行った商売が数カ月後にしか現金化されず、当然、資金となるのは数カ月先だ。

また同じく現在の商売が、数カ月先に資金化されるというなんとも不思議なからくりのシステムである。この経済システムの異常さを感じなければならない。

企業というものは浮き沈みがある。でもどんな場合でも現金ほど大切なものはないのだ。手形で商売をすると安易になりがちである。そして、それが当たり前になってしまうと、資金繰りが苦しくなってきても、そのうち決済すればいいと先送りし、追い詰められて不渡りを出すということになる。

景気がいわゆる過熱してくると、日本銀行による金融の引き締めが行われる。そうすると、各商店、会社は手もとの資金繰りが苦しくなってくる。そんな時ストックを減らすとか、少しでもコストを安くする、またお得意さまにお願いして、集金をより早めてお支払いいただくというのであれば、これは経営の体質も健全方向へ向かい、かえって好ましい結果が生まれる。

ところが一般にはそうではなく、むしろ支払いをのばす。例えば今まで現金であったものが手形になり、九十日の手形で払っていたものが、百日とか百二十日といった方に向かいがちである。それを大小様々な企業や商店が行えば、考えてみても恐ろしいことだ。

これはその経営自体にとっても不健全な姿であり、経済界全体としても、一方で金融を引き締めて他方でゆるめるのでは十分な効果も期待できない。

また、手形の乱発は一つの企業が行き詰まった場合に、数珠つなぎに連鎖反応を起こすという最悪の状況を生む可能性がある。現金取り引きであればそんなことにはならない。少なくとも最悪の状態は免れるだろう。

お互い事業や商売に携わる人間としても、このようなことを十分意識しておかなければならない。やはり事業は、現金をもって「善し」とすべしである。

ベンチャー・ビジネスの伸び悩み

ベンチャー・ビジネスとは、専門的な分野での知識に精通した、知識集約型の小企業である。

主に一九七〇年代に登場したアメリカの研究開発やデザイン開発型企業をいう。ベンチャー企業は異業種や大学・研究機関などとネットワークを形成しているところなどが多く、起業家精神に富んだ経営者、また従業員の多くが高学歴で専門知識を有する。この成功がいわゆるアメリカン・ドリームを実現した。

日本でも何度かのブームを起こし、バブル崩壊後の高コスト、低収益構造の定着で、経営の合理化を迫られている大企業にとってかわる原動力として、今ふたたび、ベンチャー・ビジネスの活躍が期待されている。ベンチャー・ビジネスの発展は、日本の経済の活性化に必要だという認識が強まり、第三次ブームを迎えているようだ。

しかし今日、ベンチャー企業は、一つの信頼できる企画や革新的なソフト開発、また独創的な販売手法を生み出したとしても、それだけで経営が成り立つ時代ではない。

私のところにもベンチャー事業を設立したという若い経営者がよく訪ねてくる。

「加藤さん、このアイデアについてどう思います」、「この企画で莫大な利益をもたらすと思うんですが」とすでに事業が成功したような勢いだ。確かにこれまでにない面白いアイデアであり、企画としては素晴らしいものである。

しかし、先輩としての意見を求められ、「そのアイデアをどのように展開するのですか」、「その企画が成功する根拠は」、「事業計画は」と具体的な質問をすると、彼らの大半は口ごもってしまうのだ。

私も未熟ながら同じ事業家として彼らと接していると、事業内容、また経営者としての能力に欠けていると思わずにいられない。経営とは、一つの要素だけが優れていれば成功するというような甘いものではない。

彼らはもちろん向上心旺盛でやる気に満ちており、その事業性においても、確かに説得力があり成功を約束されたかにみえる。しかし経営とは一つの商品で成り立つものではない。経営活動においては経営を取り巻くすべての要素において、バランスコントロールができなければ、事業としての成功はないのだ。

不況の続くこの日本において、ベンチャー・ビジネスを成功させようとするならば、経営とは何かということをまず考え、あらゆる角度からその事業を検討し、成功を確信できなければ、ジャパニーズ・ドリームはあり得ないのだ。

ベンチャー・キャピタルの盲点

ベンチャー・ビジネスに投資、または融資する、いわゆるベンチャー・キャピタルの投資額も、今日では膨れ上がっているようだ。アメリカでは百億円を越える大規模な投資事業組合、大型ベンチャー・キャピタルも設立され、有名なベンチャー・ビジネスに出資が殺到する現象さえ生じているという。

日本にそのようなベンチャー・ビジネスとともに、新規事業に融資するベンチャー・キャピタルが上陸したと聞いた時、私は第二のバブル崩壊かと思っていた。しかし日本でのベンチャー・キャピタルの市場はあまり広がらず、逆によかったと胸をなで下ろしている。

ではなぜ、あまり広がらなかったかというと、日本のほとんどのベンチャー・キャピタルの在り方が、国内の金融機関特有の体制とあまり変わらないからだ。ベンチャー・ビジネスを応援する、あるいは育てていくという意識を持たず、担保や保証人という観点で融資を決めるという考え方である。

私の年齢が若いということで、大手金融機関の出資会社であるベンチャー・キャピタルの方々が訪ねてくることがある。我々の事業特性とは違うのでお断りするが大半の方がまず、

「加藤さんのところの担保力はどんな状況ですか」、「保証人はおられますか」、「御社の現在の経営状態は良好ですか」という融資についての、必要条項ともいうべき具体的な話をされる。質問に答えながら、一体この人たちは、ベンチャー・ビジネスという新しい事業に出資や投資をするつもりなのか、それとも従来の考え方の融資をしたいのか、どちらなのだろうと考える。

以前「我々の企業の存続が危うかったのですが、ベンチャー・キャピタルの出資があったので、何とか資金繰りに追いついたんです」というベンチャー企業の方がいた。ベンチャー・キャピタルとは本来、新規事業を発展させるための投資であり、新規事業を展開するために出資する機関であるべきなのに、発展の可能性もない企業側の、資金繰りのためだけに使われているのはばかげた話である。

これは公共機関にもいえることで、ベンチャー・キャピタルを支援する体制をとっているが、ベンチャー企業側の事業性を判定できないままに、ただ新規事業ということだけで、資金提供に優遇措置をとるというのは、税金の無駄づかいにしかならず理解できないところだ。ベンチャー・ビジネスは新規事業であり、企業としては若く、キャリアがないのは仕方がないことだ。企業側も当然、努力をするべきではある。しかし日本人的な考え方かもしれないが、ベンチャー・キャピタルも投資、融資をするのであれば大きなリスクを覚悟しなければならない。彼らの事業性を客観的な目を持ってマネジメントコンサルティングし、欠けている部分を補っていくのは当然であり、それが本来のベンチャー・キャピタルの在り方ではないだろうか。

事業内容や将来性、商品としての価値、また経営者の人間性のバランスコントロールができているのかどうかを見極め、お互いの共存共栄という意識の上でパートナーシップを結ばなければ、日本のベンチャー・ビジネスの成功はない。またベンチャー・キャピタルの意義もないのだ。

コンサルタントは事業家ではない

事業家にとって、事業経営は命がけで取り組むべきものだ。自社の事業が成功し、いかに健全な事業経営ができるかを日夜考えて行動している。事業家は事業の成否を正しく判断し、的確な決断を下さなければならない。甘い考えでは、即、事業の存続にかかわり、社員の生活すべてに影響を与えるからだ。

事業を展開していく上で自分の最終的な采配に迷いが生じた時、また客観的に事業性を判断したい時に、事業家はコンサルティングを他に委ねることがある。コンサルタントはそれぞれの分野での専門技術についての相談役となり、事業家とは別の観点から見た助言や、指導を行う専門家である。

私も素晴らしいコンサルタントの方々とお付き合いがある。彼らの中には、それぞれの分野での正しいコンサルティングを行い、依頼された事業を成功させている方もいる。彼らは独自の方法で情報収集を行い、システム化するという具体的な作業から事業の分析を行っている。

私の事業についても会社の状況など、客観的な分析をしてくれる。もちろんその内容は素晴らしく、彼らのつくる企画書などを見ると、なるほどよく考え抜かれ、一分の隙もないものだ。

しかし、よく考えてみると、それで本当にその事業は成功するのだろうかという疑問が残る。確かに彼らの情報力や理論は驚くほど正確で、いかにも正論だ。目指すところを伺うと事業力旺盛な方もおられ、実際に自分で事業を行いたいと考えている方もおられるようだ。しかしコンサルタントの人たちが、事業家として成功したという話はあまり聞かない。

それは事業家とコンサルタントでは、こと事業というものに関してのスタンスや、取り組む角度が違うからではないだろうか。コンサルティング業という仕事の性質上、コンサルタントは事業についての理論に精通し、きめ細かな情報収集や具体的な指導はできても、実際に自分で判断を下したり、決断することがない。

事業というのは理論や言葉ではできないものだ。もちろん事業を行う以上、成功するためのあらゆる検討をし、成功するという確信があってこそ行うものである。しかし、実際に事業を展開する上では、当初の予想よりはるかに上回る成功もあり、反対に思わぬところに落とし穴があるものだ。そんな時、事業家は即座に次の対応を考え、行動に移す。そこに実際に決断を下す事業家と、評論家ともいえるコンサルタントの大きな違いがあるのだ。

コンサルティングとは事業においてはあくまでも一部分であり、成功に直接結びつくものではない。事業においては経営者の能力や組織力といった、文字や言葉になりにくいところで成否が決まることがある。こういう我々もコンサルティングの仕事をさせていただく場合がある。我々の分析や評論はすべてその事業は流行《はや》るか、流行らないかという肝《きも》の部分を念頭においているので、一般的なコンサルティングとは少し違うと自負している。

しかし、コンサルティングという事業の中の一部分を依頼されるより、事業を取り巻くすべての部分を我々のチームにお任せいただく方が、よりパーフェクトなものになると考える。その結果、現在ではコンサルティングよりも、我々独自のトータルプロデュースを提案し、事業の収益を保証させていただいており、クライアントには喜ばれている。

事業は経営という活動を持って行うものなのだ。情報やシステムを正確につくることや、成功することを仮定して分析したり、失敗の原因を指摘するだけでは事は進まない。事業家は実際に経営活動をする中で、成功を勝ち取っていかなければならないのだ。

男女が平等に働くフィールド創り

女性の社会進出が本格的になったことにより、それまでの男性中心の雇用管理の在り方を改める必要が生じ、男女雇用機会均等法が一九八六年の四月より施行された。

そしてバブル崩壊後の経済の停滞から、女子学生の就職が著しく困難になったことで、一九九四年にその指針が改定強化された。例えば、男女対象の募集や採用区分での女子の人数制限を設けないことや、関連情報の提供について女子に不利な扱いをしないことなどが新たにつけ加えられた。

しかしその成立にあたっては、雇用者、労働者ともに意識の面でも、またこれを取り巻く環境においても、欧米のように男女の平等を徹底し、法的に強制力をもつ状況にはなかった。そこで法の施行後、施行状況を勘案して検討を加え、必要な措置を講ずることとした。

そして施行後十年を経て、法の持つ問題点も明らかになり、一九九九年四月に新たに左記の細目が施行された。

その主な内容は、

一　募集・配置・昇進について、差別廃止規定とする。
二　事業主がポジティブ・アクション（例・女性管理者を増加させる目的で教育訓練する）について国が援助する規定をおく。
三　禁止規定の是正勧告に従わない事業主に関し公表する制度を設ける。
四　調停制度について一方の申請より調停できることとする。
五　事業主はセクシャル・ハラスメントを防止するために必要な配慮をすべき旨規定する。
六　女性労働者一般に対する時間外、休日労働、深夜業務規制を改正する。

といったことだ。

確かにひと昔前に比べれば、法的には様々な整備がなされているようだ。しかし、実際に働く女性にとっての環境は、まだまだ男女平等であるとはいえないのではないだろうか。

本来の男女が平等に働ける世の中とは、男と女が、何もかも同じ条件のもとで労働するということではなく、それぞれの特質、役割が男女ともに十分に発揮されるようにしていくということでなければならない。実際、男性と女性の特質、役割にはおのずと異なったものがあるのだ。

私の会社にも、もちろん女性のスタッフがたくさん働いてくれている。素晴らしいスタッフに恵まれていることを幸せに思う毎日だ。

男性スタッフは男性ならではの特質で、素晴らしい能力を発揮してくれている。しかし、同じように多くの女性スタッフも、その能力を十分に発揮してくれている。

実際、私の会社はデザインコントロールなどソフトの仕事もしているので、女性ならではのセンスや、きめ細やかさを求めるところも多い。そして私や男性スタッフにはない能力を、彼女たちは持っているといつも感じている。

最近では社会が進歩し、多様化するにともなって、女性に適した仕事、また女性でなければできない仕事もいろいろ生まれてきている。そういう仕事は女性にしてもらうことが、女性の特質を活かすためにも、社会のためにも有意義であり、理にかなっている。

男性や女性といった性別を超えて、それぞれの個性にあった仕事は世の中に限りなくあるだろう。企業側は男女平等ということよりも、それぞれの持つ能力や適性にあったフィールドをつくり、雇用体制をつくらなければいけない。

男女にはそれぞれ異なる特質、役割があるのだ。その違いを正しく知り、それぞれが本来の役割を果たすところ、そういう意味での環境が整備されてこそ真の男女平等がある。

高齢者が元気に働ける社会

全人口の中に六十五歳以上の高齢者人口が七パーセントを超えた社会を高齢化社会、その割合が十四パーセントを超えた社会を高齢社会という。

その社会の高齢化は、老人の人数が増えるだけではない。老人のうちに占める八十歳以上の老人が多くなることを意味している。平均寿命は日本人が世界で最も長い。

一九九五（平成七）年には女性は八十二・八四歳、男性は七十六・三六歳。二〇二五年には女性は八十五・八三歳、男性は七十八・八〇歳になると推計されている。六十五歳の老人をとると、男では約十一年以上、女では約十七年以上の平均余命が約束される時代になった。

日本の場合、平均寿命が伸び、第二次大戦後のベビーブーマーたちが高齢化するということだけではない。生まれる子供の数が圧倒的に少ないことが、高齢化のスピードに拍車をかけている。今は若者中心の大都市も、二〇二〇年頃には農村などよりも、七十五歳以上の老人の割合が多くなるという予測が、経済企画庁地域高齢者福祉システム研究所から出されたようだ。

このような長い年月のあいだ退職者、年金生活者、病人、傷病の後遺症を持つ老人などが、等しく生きがいのある生活ができる社会のシステムづくりが、今こそ求められている。

これに対応すべく、政治では高齢者対策ともいうべき仕組みづくり、企業側は事業として高齢者をターゲットとした商業施設や商品、老人ホームなどをつくり収益を上げているが、それが今後、増え続ける高齢者の幸せや高齢化に向かっての対策なのだろうか。

我々が目指さなければならない高齢化社会とは、高齢者といわれる六十代や七十代の老人が、社会に守られて静かに余生を送るということではない。まず日々を元気に暮らすことを一番に考えるべきである。生きがいを持ち、恋愛もし、生活を十分に楽しむことだ。もちろん仕事においても自分の持つ能力を発揮する。

仕事や人生を高齢＝リタイアということにはならず、年齢を重ねたからこそ持つキャリアや余裕として、社会生活を送って欲しい。仕事についても扶養するということよりも、そういう環境整備をしっかりつくっておくことが、本来の高齢化社会の在り方ではないだろうか。

私の会社は定年制を引いていない。それは年齢だけでなく、男女においても同様で、情熱があり、能力があれば、それを十分に発揮できる職場環境でありたいからだ。

例えば、最高年齢七十六歳の女性スタッフがいるが、仕事は真面目で毎日元気に働いてくれている。私や周りのスタッフたちも、もちろん高齢者だからと仕事上では特別扱いはしていない。それは彼女の仕事に取り組む姿勢に対して失礼だからだ。

また、もうひとり六十九歳の女性スタッフは、いつも会うたびに私の手を取って「社長、七十歳まで頑張りたいので宜しくお願いします」と目を輝かせていってくれる。私はいつも「身体が動けるなら、這ってでも働いて欲しい」という。

彼女たちにとっては擁護されることよりも、働く環境があることが支えであり、その働く姿勢が私や周りのスタッフたちをも元気づけてくれるのだ。彼や彼女たちの姿勢に見習うことの多い毎日で、私もこんなふうな高齢者になりたいと思う。

このまま高齢化が進むのは確実なのだから、高齢者が職場で当たり前のように仕事をしていて欲しいと思う。社会、または企業側も高齢者を擁護するという環境をつくることよりも、仕事につける年齢の幅を広げ、高齢者にとって知恵やキャリアが活かせる職場環境を整備していくべきだ。

高齢者が遊び、働き、使い、稼ぐという生活ができる環境を創ることが、これから進む高齢化を前向きに受け止め、素晴らしい元気な高齢化社会を創ることになるのだ。

公共事業は国民のために

一億総不況といわれる経済状況の中で、特に落ち込みが厳しいのが、政府の援助を見込んだ事業や公共事業一辺倒の国家型企業に思える。

公共事業については、私も心ある公共の方々に大変お世話になっており、最近でも事業をさせていただいた。これはもちろん成功をおさめたので公共の方々にも大変喜んでいただいている。

しかし大半の公共の方々の発想は、政治によるところも大きいが、公共施設をつくるために公的機関に投資する、いわゆる公共投資を安易に考えていると思わずにいられない。

多額の建築予算を確保するために意味のないような施設をつくったり、日本国中で常に行われている道路工事など、それらを公共の金で賄い、管理していくという発想だ。結局、潤うのは一部のゼネコンや建築業者であり、癒着ととられても仕方のないことを平気で行っている。

公共事業である以上、まず国民のためになるようなことを考え、民間の商業施設と同じように、一般の方々に心から喜んでもらえるような施設づくりをするべきである。そのためには集客力があり、経営が成り立つだけの、収益が上がることをまず考えなければならない。

それが結果的には新たな納税に繋がっていくのだ。

これまでのように施設はでき上がるが国民は利用せず、収益が上がらない。当然赤字運営ということになり、それを税金で補塡するということの、繰り返しでは金銭の流れが止まってしまい、非常に悪循環である。事業としてはあまりにもずさんなやり方である。いくら公共事業といっても、いや公共事業の施設である以上、一般の市民や国民の方々に喜んでいただける施設づくりをするべきだ。

しかし、反対に事業として成功した公共事業というものにも問題が残る。民間の産業を潰してしまう場合があるからだ。いわば近隣の業態を無視した施設内容や料金設定により、顧客を独占してしまうのだ。例えば同じ業種や業態の施設をつくったとしても、公共と民間では施設内容や料金設定に開きができる。

民間の事業では多額の設備投資をすると、それが借入金であるならば金利を払っていかなければならず、税法上でいう減価償却をしなければならない。赤字が出なければいいという発想の公共と、どちらが経営として無理ができるか、安売りができるか、贅沢な商品をつくることができるかを考えると、公共であることは明らかである。にもかかわらず、民間と同じ土俵で戦うような真似を公共はしてはならない。するのであれば、民間とタイアップしていくとか、民間の事業家で資金のないところを助けてあげるくらいの発想を持つべきだ。

要するに民間企業を下支えするような公共事業の在り方を考えるべきなのだ。

私が今提案しているものは、我々の得意分野である商業施設の業態開発で、民間が民間企業として受託するというやり方だ。これは公共の方とは少々違う考え方である。

我々はマネジメントのプロなので、本当にお客さまにおいしい、楽しいと思うものを提供し、お客さまが心から満足して帰っていただくような商品や、サービスはどうすればよいのかを考える。

また安心してご利用いただける料金設定ができるよう、少しでも安いものを仕入れるには、どうすればいいのかということを常に心がけている。

私がお世話になっている公共の方々は、我々の考え方や仕事のスタイルを非常に理解されており、ここは民間に任せるべしと、快く一任していただいている。それによってもちろん赤字は出ないし、一般の方々にも喜んでいただいて大成功している。お客さまも満足し、事業として経営が成り立つのだ。それが本来の事業の姿であり、他の公共事業もそうあるべきではないだろうか。

公共事業とは国民のことを考えた上で、国民の喜ぶ施設をつくり、収益を上げる。また民間と共存共栄するという姿勢であることが公共事業としての成功であり、本来の姿である。

二章　発想が手法を創る

成功を創る発想というのは決して難しいものではない。何事に対しても「努力すること」や「誠実であること」、「がむしゃらに頑張る」といった、誰にでもわかる当たり前のことなのだ。これは仕事においても人間関係においても同様である。

精神の根底で理解し、常にこの発想のもとに行動していれば、どんな種類の成功にも通用するものだ。しかし、それができないのもまた人間の弱さである。

頭では理解しても行動に移すのは難しい。どんな些細なことでも、常にこの発想を持ち、行動していれば必ずそれは実を結び、いつしか大きな成果となって表れる。

正しいジャッジが成功を創る

事業にコンセプトがあるように、人生においてもコンセプトがあるべきだ。ヒトは自分の人生においては様々な選択をしなければならない。人生の扉は他人に開けてもらうものではない。自分の志を持って自分の手で開くものだ。

特に社会人になれば、そこから先は右にいくのか左に進むのか、自分の進むべき道は、自分で判断しなければならない。

例えば「事業家として年商百億円の企業を創るんだ」、「陶芸家として生涯でたった一つでも得心できる焼物を焼く」、「福祉事業を通じて老人や、恵まれない人々の役にたつよう生涯を捧げるんだ」というふうにコンセプトを最初に決めておけば、あとはその目標を達成するために考え、行動すればよいだけである。

人生におけるあらゆる局面で、時には判断に迷いが生じることもある。そんな時に目標が明確であれば、大きな判断ミスにはならない。反対に目標が曖昧であると結果からは遠ざかってしまうのだ。それが積み重なれば、自分の送るべき人生とは全く違う道を歩むことになりかねない。

事業もまた同様で、「ああ、あの時、別の道をジャッジしていればこんなことにはならなかったのに」と嘆くことになるのだ。時に判断を誤り遠回りすることがあっても、コンセプトさえ明確であれば、そのジャッジミスは経験となり、かえってよい結果になることもある。

私の理念は、人生においては自分の決めた目標に到達することであり、事業においては成功することだけを目標に、それを達成するために一生懸命努力することだ。この理念は私の会社も同様で、スタッフのすべてがそういう理念を持つ集団である。もちろんこれはあくまでも私の生き方であり、万人に共通するものではなく、私の考えを生き方の違う人に強要しようとは思わない。

しかし、一つの生き方としては明確だといえるだろう。たとえ道は険しくても、最終目標は単純、明解なので心に迷いがない。成功という単純で明解な結果を得るために、その過程において複雑に絡まり難解な問題に遭遇しても、そのつど判断し選択していくのである。時には困難な道を選ばざるを得ない場合が出てきても、成功するためにあえてそちらの道を選ぶことができるのだ。

明確でなければその時々で迷うことになり、そのつど自分の都合のよい方向をジャッジしていれば、結果は中途半端なものになるのは当然だ。そして「こんなはずじゃなかった」とか、「思う結果は出なかったが、これはこれで善しとしておこう」など、結果もまた自分の都合のいいように、折り合いをつけてしまわなければならなくなるのだ。

人生においても事業においても、自分の目標を達成するためには多くの時間と労力がかかるものだ。時には困難な局面に遭遇し、別の道を選びたいと思ったり、知らない顔で通り過ぎてしまいたいこともあるだろう。しかし目的を達成するという強い信念があれば、そこで迷うことはない。正しいジャッジをしておくことが将来の成功を生み、自分の人生は幸せだと思えるのだ。

コンセンサスで意思確認

事業経営は、社内のスタッフはもちろんお取り引き先さまやクライアントというビジネスのパートナーなど、あらゆる人たちによって成り立っている。一つの目標に向かってそれぞれのステージでチームを組み、利害関係を結びながら一つの目的を達成していくのだ。それがいい関係であればあるほど事業は成功し、反対にいい関係を持てなければ失敗することが多い。

事業が一人ではできないという意味において、大切なことは相手とのコンセンサス、いわゆる合意を得るということだ。これは仕事だけではなく人間関係においてもいえることだが、どんなことにも相手が存在するのであればお互いが理解し、納得していなければいい関係を築くことはできない。

企業においては社長が独断で経営方針を打ち出したり、新規事業を決定すると勘違いされることがあるが、それは大きな間違いである。もちろん事業家として、その事業の最終的な決定は企業のトップが下すことはいうまでもないが、その過程においてはスタッフとのコンセンサスをとるのは当たり前であり、独断で決めることはない。

私の会社では様々なプロジェクトがある中で、そのほとんどをスタッフの能力に合わせて任せている。そんな中で、やはりプロジェクトが成功する人は、チーム内でのコンセンサスがきちんととれており、その過程で私に合意を求めにくる。私が解答できることはその場で返答する場合もあるし、会議を開いてみなを納得させることもある。

仕事を進める上でのポイントとなる部分は、関係者すべてがお互いに了承し、納得できている場合、そのプロジェクトはほとんどが成功する。こんな人はもちろん、外部のお取り引き先さま、クライアントに対しても同じことをしているはずだ。

しかし反対に、一つのプロジェクトを任せるといわれれば、すべてを任されたと受け取り、何もかも自分の独断で決めていいものだと勘違いしてしまう人もいる。何の相談にもこないのでどうなっているのかと思っていれば、いきなり最終段階になったものに「オーケー」が欲しいといってくる。

彼の持ってきた書類に一応は目を通してみるものの不備な点が多く、「君、これではダメだ」というと、「社長、この件は私にお任せいただいたはずですが」と不満顔である。彼にはプロジェクトを任せられる能力はあるのだ。しかし、コンセンサスをとらなかったばかりに、自分の労力を無駄にしてしまうことになる。

このように特出した能力があり、成果を確信できるプロジェクトを任されても、他とのコンセンサスをとらず、独断で進めていけば、いつの間にか失敗に繋がっている場合があるものだ。もちろん自分が任された以上責任を持ち、自分が中心となってそのプロジェクトを具体的な形にするべきだ。

しかし、その過程で他とのコンセンサスがなければそのつど亀裂が生じ、最終段階でみなの合意を得られず、その間の能力や労力が無駄になってしまうのだ。外部やチームを巻き込んでいる場合は迷惑なだけではなく、大きな損害にもなりかねない。

事業の中での大小様々なプロジェクトを決定するためには時に対立し、激論をかわすこともあるだろう。しかしその中で、軌道修正しながらお互いが合意に達することが重要なのだ。そしてそれが企業経営においても、クライアントからプロジェクトのパートナーに十分なご理解をいただくために、そのつど確認し、お互いの合意の上で進めていくことが成功への大きなポイントとなるのだ。

質問の内容しだいで情報通

事業経営においてはあらゆる情報が必要である。今日のような移り変わりの著しい時代においては、経済情勢、時代のトレンド、生活者のニーズに至るまで、あらゆる情報を敏感に察知していなければ事業の成功は難しい。

では、情報を得るためにはどのような手段をとればいいのだろう。まず新聞や専門誌、雑誌などの媒体によるもの、昨今ではインターネットによるところが大きい。また街を歩けば情報が転がっている時代だ。その気にさえなれば、ある程度の情報を得ることはできるだろう。

しかし、やはり単独で得ることのできる情報には限界がある。そんな時、頼りになるのはやはりヒトである。仕事でのお取り引き先さまや同業者、また社内では上司や同僚、部下に至るまで、自分の知りたいこと、必要な情報を熱意を持って質問すれば教えてくれるだろう。

だが、人に質問するのであればその知りたい情報を整理し、具体的な質問になっていなければならない。ただ漠然と「あの人に質問すれば何とかなるだろう」という考えでは、何の情報も得られないし、お互い時間の無駄である。

私は人から質問の虫といわれるほどに質問をし、また反対に人から質問を受ける場合も多い。人と会う時を情報交換の場であると思うので、自分の知る限りの情報を相手に伝え、相手からも教えてもらいたい。もちろん情報を得たいと思うのだから、その話はより具体的であり、決して辞書では引けない内容の情報が得られる。

しかし中には答えようのない質問をされる場合がある。

例えば私の事業について「加藤さん、ホテル事業はどうですか」と聞かれても、「今は大変なんじゃないですか」ということになるだろうし、「そうですか。加藤さんのところはよく儲かっていますか」という質問には「まあまあですね」くらいしか答えようがない。漠然とした質問をされては、漠然とした答えしかできないのだ。

それが、「加藤さんのところのホテル事業における投資効率は何パーセントくらいですか」、「このレストランのフードコスト、ローバーコストはどれくらいのパーセンテージを考えて開発されたのですか」というような具体的な質問をされると、こちらも具体的な数値や手法を答えざるを得ない。質問の内容が明確なので質問される側も答えやすいのだ。

社内においても、会議などで「今後の事業展開はどうなるのですか」という質問を受けることがある。これはもちろん自社のことなので、すべて答えることはできるが、「この事業に対して、年度でどのような展開をするのですか」という質問の方がより具体的な説明ができるだろう。

これは情報を得るために研究した結果であるので、質問も具体的であり、的を射ているということだ。質問に肝《きも》があるので的確に情報を得ることができるのだ。

質問とは、単にわからないことを人に教えてもらうという考えではいけない。多少なりとも人に時間をさいてもらうのであれば、やはり自分なりに材料を持っていなければ、相手に対して失礼にもなる。情報を得たいという情熱と熱意、要するに肝があれば当然その質問は具体的な、いわばうまい質問になるはずだ。それが必要な情報を得るためには成功であり、多くの情報を入手できる条件ともいえるのだ。

一番悪いところに大きなチャンス

成功への最大のチャンス、それは一番悪いところ、大変なところに転がっているといえる。「損をして得を取れ」や「苦労は買ってでもしろ」というように、条件が悪くリスクの大きいところにこそチャンスがあるのだ。楽な道、人がつくってくれた道ばかり選んでいては、失敗は少ないかもしれないが、大きな成功を得ることはできない。

世間でも大きな成功をおさめている人は、他にライバルや競合するもののないところから、いわば無から有を生み出していることが多い。それは何も発明家になれということではなく、誰もが目を向けない、見落としているところや条件の悪いところにあえて飛び込み、チャンスをものにするということだ。

もちろん、そんなところで成果を上げようと思えば大きなリスクを背負うことになる。大変な努力を要し、高い能力も必要だろう。しかし困難な道ではあっても、なんとか目標を達成できた時、大きな成功となるのだ。

仕事というものは決して楽なものではない。たとえ自分の好きな職業につくことができたとしても、楽しいことばかりではなく、自分の苦手なこともしなければならない場合があるだろう。また嫌な仕事はみな同じで、それを嫌がって後回しにしたり、他人に手伝ってもらったりするのでは自分の能力は高まらない。得意な分野は誰でも比較的簡単にできるのだ。むしろ自分にとって大変だと思うことから片づけていくべきである。

私はスタッフに仕事を依頼する時には、大変な仕事はそのチームで一番能力の高い人に頼む。それは上司としての適切な判断である。一般に難しいと思われる仕事は能力を要するからだ。それは単に頭がいいということではない。大変な仕事にやりがいを持ち、立ち向かっていこうとするエネルギーである。実際、同じ仕事でも「ああ、大変なことを頼まれた。嫌だなあ」と思っていては満足な結果も得られないだろうし、成功からは取り残される。反対に「僕はこんな大変な仕事を任されるようになったんだ。この仕事は僕にしかできないからだ」、また「一生懸命励んできたおかげで、僕の能力が認められたんだ」と思えば、取り組む姿勢も違うだろうし、その結果は違ったものになるはずだ。

人が嫌がる仕事を頼まれるということは、その裏返しにその人の仕事に対する姿勢や、能力の高さを認められたということでもあるのだ。仕事はキャリアを重ねるほどその量も増し、質も高度になってくる。それは収入に反映し、おのずと肩書にあらわれるものだ。

常に悪いところ、大変な仕事にチャンスがあり、そこに喜んで飛び込むという意識を継続していくことが、成功への重要なポイントとなる。

ダブルミスは最悪のミス

人は時に思いもよらぬ過ちや、ミスを犯してしまうことがある。仕事の上で、人間関係で、また人生においてのあらゆる局面で、思わぬ時に「しまった」、「どうしてこんなことになったんだろう」と一人思い悩んでしまうことがあるものだ。もちろんミスはないにこしたことはないし、ミスをしようと思って事に及ぶわけではない。

自分の与えられた役割を一生懸命進めている上でも、ふとした気のゆるみ、あと一歩考えが及ばなかった時、または理由がなくても起こってしまう時がある。やむを得ない事情がある時もある。

そこで大切なのは、ミスをした時にどのように対処するかということだ。それによってミスはプラスにもマイナスにもなり、人間性までをも決めてしまうのである。

では、ミスをした時にどのように対処すればよいのかというと、やはり素直に自分の非を認め、すぐに改めることだ。いたって平凡だがそれが最善ともいえる方法だ。それは要領よく立ち回るということではない。誠意を持って対応するということだ。

「まあいいか」、「これぐらい何とかなる」とミスに気づきながらもやり過ごしていては、ミスの上にさらにミスを重ねるという結果になりかねない。それはミスしたことよりも、もっと危険なことである。些細なミスが大きな失敗を生み、一つのミスが次のミス、要するにダブルミスという大きなミスに発展することがあるのだ。

私はサービス業のプロだと自負しているので、日常においても相手のことや、気持ちを考えるという意識を常に持っているつもりだ。しかし相手にもプロ意識を要求するので、あまりにもサービスの心がない場合はクレームを出す場合がある。

ある空港でのことだが、チェックインカウンターのある場所がわからず随分迷った。私でさえわかりにくかったので、お年寄りにはもっとわかりづらいだろうと思い、「きちんと表示がされていないといけないよ」と注意したのだが、その女性スタッフは「それはここに書いてありますので」とただ表示を指さしていうだけだった。私はそれ以上いうのをやめたが、その時「申し訳ございません。上司に伝えまして、善処させていただきます」くらいいってくれれば、私の心はおだやかなまま飛行機に乗ることができただろう。

飛行機は交通手段なので、二度と利用しないというわけにはいかないが、他の場合は次の利用を遠慮したいということになる。このようにミスの対処の仕方が悪いと、ミスを上塗りしてしまうことになり、自分だけではなく会社や、周囲の人にまで大変な損害を与えることになりかねないのだ。

要は誠実に対処することだ。例えば商業施設などはターゲットを一人のお客さまだけに絞ることはできない。事業である以上、業態によってある程度の幅を設けたい。しかし、そのサービスは一人ひとりのお客さまへの対応がなされるべきだと考える。

レストランで、お客さまから「先程注文した料理がまだこないが、どうなっているのか」、

「このスープは冷めているじゃないか」などとクレームがあった時、「少しお待ち下さい」といったまま、厨房へ引っ込んだあと、知らぬ顔をするなどはもってのほかだ。また「今の時間は、少し立て込んでいます」、「はあ、そうですか」と要領を得ない返事をすれば、お客さまは料理を楽しむよりも、気分を害したことでどんなに味のよい料理を出したとしても、二度とそのレストランにはいきたくないだろう。

しかし、「申し訳ございません。すぐ確認してまいります」といって、その結果を誠実にお客さまに伝える。しばらくして、「先程は申し訳ございませんでした。ごゆっくりとお召し上がりください」と心を込めて伝えることができれば、お客さまは先程の怒りよりも、そのサービスに満足するのではないだろうか。その結果少しのミスは大きなプラスとなって返ってくるのだ。

それは人間関係においても同じである。夫婦間、男女間のけんかによくあるように、夫は帰った途端「ただいま」の言葉の前に「飯の支度はまだできていないのか」と怒鳴る。妻は「お帰りなさい」とはいわず、「私だって子供の世話も大変で忙しいんだから、帰るなら電話くらいしてくれればいいじゃない」といい返してしまい、些細なことから夫婦げんかにまで発展することもある。売り言葉に買い言葉というわけだ。

少し心を落ち着かせて対応すれば、相手の気持ちも考えられるだろうし、自分の心もやわらぐはずだ。人間関係におきかえれば、一つのミスは相手のミスを呼び、大きなひずみがで きてしまうということになりかねない。

人間である以上、長い一生のあいだには、様々なあやまちやミスを犯すこともある。そんな時、素直に改め、誠意を持って善処するということだ。要はミスを犯した時、ダブルミスに繋がらないようにすることだ。

またミスをむしろチャンスと考えれば、おのずと対応の結果はプラスにできるだろう。対処の仕方が人間を向上させ、人間性を豊かにもさせるのだ。

自分のキャリアで判断しない

世の中はある一定の知識がなければできないことが多い。特に仕事上では専門の分野での知識が能力となり、成果を左右する。人それぞれの知識や知恵が経験に活かされ、また経験が知識を培うという相乗効果を生むのだ。それが仕事でのキャリアに繋がり、さらに仕事の能力を上げることになる。

しかし、ここで気をつけなければならないのは、自分の知識や知恵にとらわれないようにすることだ。人間一人の経験や知識には限度がある。何か一つの仕事に直面した時に、他人の知識や能力が必要となることがあるはずである。

しかしヒトは本質的にヒトにものを尋ねたり、自分がわからないことを聞くということに引け目を感じるようだ。ことにある分野でキャリアを積み、それなりの立場にあればなおさらである。人に聞くよりも自身の知識や経験でこなそうとする。キャリアが邪魔をして人に聞くことを拒むのだ。しかし、それでは大きな失敗はないかもしれないが能力は上がらず、一人よがりの仕事しかできない。

よくキャリアのあるスタッフに難しい仕事を依頼すると、依頼している仕事の内容を詳しく聞きもしないで、「はい。わかりました。その件は大丈夫です」という。途中で気づいて、もう一度詳しい内容を確認するのならまだいいが、もはや聞くことをためらい、その結果は私が依頼していた内容とは全く違ったものになっている場合がある。これは仕事ができるか、できないかという問題ではなく、上辺だけでわかったふりをしたための失敗だ。

また「社長、それは無理ですよ。不可能です」ということがある。理由を聞けば「過去にも同じようなことで失敗していますし、理論的に考えればこうだからです」と自分の経験や固定観念で判断しているのだ。知識があると「これは難しい。ちょっとできそうにもない」と考え、最初からあきらめてしまうようなことがあるのだ。

反対にキャリアが浅く、仕事に対しての知識がさほどなければ、「とにかくやってみよう」と思い、これに取り組み自分なりに懸命に工夫し、努力するだろう。また自分の努力だけでは解決できない事柄に直面すると、躊躇せず人に教えてもらうものだ。

その結果、自分の能力以上の仕事をやり遂げることができる。常にこういう姿勢で物事に取り組んでいれば、知らず知らずのうちに幅広い知識を身につけ、人間としても大きく成長するだろう。

人にものを尋ねることに引け目を感じることとは反対に、人間の本質としては誰もが誉められたい、他人に認められたい、自分の能力を発揮したいということに喜びを感じるものだ。また知識のある人は教えることを嫌だとは思わない。人に自分の知識を必要とされれば、知っているかぎりの知恵を絞って教えてくれるものだ。またそうであるとすれば、心を開いて「わからないから教えて欲しい」と素直に尋ねることは決して恥ずかしいことではない。

そして、そこで知り得た知識を自分の知識として膨らませ、自分が相手の立場にたった時、自分の知り得る知識を教えてあげることが、他の能力を育てることにもなるのだ。それは具体的な業務とは別の部分で、能力を高めるための重要な要素となるものである。

失敗の原因はまず自分にあり

人は人生において、紆余曲折ある中で困難に遭遇することも少なくない。そうした困難に直面した時、そのつど失敗を回避するために自分にできる限りの努力をする。その時の対処の仕方によって、最悪の状態を未然に防ぐこともあれば、努力の甲斐なく失敗してしまうこともある。しかし失敗した時、その原因を自分の責任として素直に受け止めることができる人と、他へ責任転嫁する人の違いが、結果としての成功と失敗に大きくかかわってくる。

失敗した時にはまず、その原因は自分にあると考えることが賢明である。たとえ外的要因がある場合でも、失敗するということは、それにかかわった自分にも必ず責任があるからだ。

事業家の中でも、事業で失敗した時に「景気がいっこうに伸びないのでうまくいくはずもない」、「この社会状況の変化がこの事業の失敗の原因だった」、また「あの時、彼があんまり自信ありげにこの事業が成功するというので仕方なく始めたんだよ」という人がいる。

それが経営者であるならば最終決定は自分にあるはずなのに、自分の非を認めず、世間や他人へ責任を転嫁しているのだ。これでは原因が解決できず、何度も同じ失敗を繰り返すだけである。

反対にどれだけ外的要因があったとしても、経営者として「時代を読みきることができなかった私のミスなんだよ」、「この失敗は大きな痛手だが、私にとっては非常によい体験をさせてもらったよ。少々高い授業料だったが今後の教訓になった」と毅然と答える人は、いずれは立ち直り結果としての成功を摑むだろう。

社内においてもリーダーは、ミスが起きたり失敗した時にその真価が問われるのだ。私のスタッフでも素晴らしいチームリーダーは、客観的に見ても明らかに部下の不注意であり、彼に責任はないと思えることでも、躊躇せず「これは自分の責任です」と謝ることができる。そんな人は問題解決も早く、同じ失敗を繰り返すことも少ない。当然部下の信頼も厚く、成長も早い。

反対に、チームリーダーに「君の部下はこんなサービスができていないじゃないか」と注意をすると、「彼に伝えておいたのですが」、「いやあ、教育はしているんですが」、「朝夕礼ではいやというほど伝えているはずなんですが」という返事が返ってくることがある。

これはおざなりに仕事をしている部下も悪いが、上司としての指導方法に大きな問題があるのだ。このように自分の責任であるべきことを、部下へ押しつける人にリーダーとしての資格はなく、私は部下としての魅力を感じない。

昨今のように大変な時代において、成功の確率が千に一つであるとすれば、そのチャンスを確実に摑むことができるかできないかは、この自責の念を持つか、持たないかによるところが大きい。

一つの失敗をした時には、まず自分の失敗だと素直に認識することだ。そして、その原因はどこにあったのかを考え、改めるべきことを改めれば道も開ける。その体験は成長に繋がり、結果として成功を得られるのである。

報告する際は結果を先に

私は事業を行う上では常に結果を重視し、スタッフにはあらゆる局面においての結果の報告を求める。事業経営においては、もちろん成功すべきであり、失敗は許されないことである。しかし、その過程では時に失敗することもあるものだ。結果が成功するにこしたことはないが、失敗には必ず原因があり、原因がわかれば、それは大きな意味での成功へと繋がることにもなる。失敗を恐れていてチャレンジする気持ちがなければ会社は発展せず、成功などできないのだ。

私は社内での様々なプロジェクトをスタッフに任せる。任せることができる能力のあるスタッフだと確信するからだ。もちろん任せるかどうかの判断を下したのが私である以上、失敗しても大きな意味では彼に責任がない。

また、スタッフたちは任された以上、これまでにない努力もし、労力を惜しまずにいい結果を出したいと思ってくれるだろう。しかし、経営者としては最終的なこと、つまり成功か否かという結論をまず知りたいものだ。成功すれば誉めてやりたいし、失敗であるならばその原因を糾明したいからだ。

物事には原因があるからこそ結果が出るのだ。反対に結果を出すには必ずその原因がある。事業ではその過程においてあらゆる状況を想定し、模索しながらいい結果を出すために努力するものだ。

しかし、その過程でどれだけの状況があったとしても、その依頼に対しての報告をする時には、まずそれが成功であるのか、失敗だったのかということだ。

「あの件はどうなったのか」と聞かれた時にはイエスか、ノーかで答えるべきだ。結論をまず最初に、そしてその次に失敗の原因を明確にし、その対応策を考えるべきだ。

失敗には必ずその過程においてどこかにミスがある。あきらかにマイナスとなる要因もあれば、ただ報告を怠ったという些細なミスが積み重なることが、失敗の大きな原因となることもあるものだ。

いい結果を出すことができた時の報告は容易だが、失敗した時の報告は気が重いものである。どうしても結論よりも先に、その理由を説明しようとしがちである。仕事を任されたのだから、自分なりのやり方があり、報告はこと細かにする必要はない。しかし、その過程において重要な要因となる報告が曖昧になっては原因がわからず、ダブルミスに繋がることにもなりかねない。その失敗が活かされず、将来の成功へも繋がらないのだ。

事業においては結論を先に報告する習慣をつけることが大切であり、それが次のミスを少なくするのだ。

予算はあくまでも目安である

事業経営を金銭面から見ると、年間や月間、またひとつのプロジェクトについて収入・支出の予算を組むことが多い。これは事業の運営をよりスムーズに、効率的に進めるため、また仕事の成果を上げるための目安となるものだ。

事業に必要なだけの支出予算をあらかじめ見積もっておかなければ、途中で不足した場合、他のもので補ったり何かを削ったりということで、予定を変更しなければならず、それを削ったために十分な事業ができないこともある。また収入の予算が達成できなければ、そのプロジェクトは失敗ともいえるのだ。

ここで大切なことは、予算というのはあくまでも数値的なボーダーラインであるということだ。単純に考えれば収入は多ければ多いほど喜ばしく、支出は少なければ少ないほどよいのである。

事業においての収入の予算は最低限の目標であり、それがクリアできるのは大変喜ぶべきことではあるが完成ではない。あくまでも目の前にある一つの目標である。その目標が達成できた時には、次の目標を目指して努力しなければならない。

反対に支出の予算、いわゆる必要経費については、あらかじめ組んでおいた予算をすべて使わなければいけないということではない。使う必要もないのに予算が余っているからといって、すべて使うという発想は改めるべきだ。

プロジェクトが進行する過程ですべて順調に進み、的確に判断しているにもかかわらず、最終的な報告で「これに、なぜこれだけの経費をかけるのか」と聞けば、「まだ予算が残っているので大丈夫です」と答える場合があるが、これは大きな間違いである。

予算組みというのは仕事の上での大切な要素である。収入の予算が達成できなければ予算組みという仕事での失敗であり、達成できればその上を目指すことが成功へ続く道となる。

また支出に関しては、予算をオーバーするということがあってはならず、使うべきものを使ってなお、残っているにこしたことはないのだ。

収入と支出の差が大きければ大きいほど利益に返ってくる。それをみながそれぞれのプロジェクトの中で行えば、事業経営は必ず成功するだろう。それが商売の肝であり、経営の原理原則だということを意識しておかなければならない。

予算はあくまでも目安であり、それに縛られるものではない。事業のために予算があるのであって、予算のために事業があるのではないということを忘れてはならない。

相談する際の心構え

事業家は、事業においてどんな場合でも、最終責任は自分にあるという自覚を常に持っている。部下に仕事を任せた場合、それをどのように進めているのかが、いつも気になっているのが本当のところだ。もちろん部下を信頼して任せてはいるのだが、絶えずその仕事を案じ、成功することを願っているものだ。だからこそ時に報告を求め、問題に対しての相談にも適切な助言や指示をしていけるのだ。

私の会社でも、社内においてスタッフにプロジェクトを任せ、様々な用件を依頼する。スタッフたちはあらゆる問題を解決しながら、精力的に仕事をこなしてくれる。そしてその過程で何らかの問題が生じた時には、私や直属の上司に報告し、アドバイスを受けることになる。ここで気をつけなければいけないのは、問題が生じた際の相談の仕方である。

例えばミスがなくスムーズに進む場合は問題はないが、一つの問題に行き詰った時に、その問題点をただ単に相談してくることがある。要するに「社長、こんな問題が起こりました。どのように対処すればいいですか」というように、自分では解決できない問題に対して何の対応策も考えずに、そのまま私に持ってくるのだ。

こんなふうに何か問題が起こるたびに、悩み相談とでもいうように解決策を求めているようでは、自分自身の能力は上がらない。それは任された仕事を中途で放り投げていることにもなる。中途半端な仕事では、任せた側も適切なジャッジやアドバイスなどできるわけもないのだ。

少なくとも「社長、現在こういう問題にぶち当たりました。この問題についての対応策として私は、こういう手法とこういう手法を考えているのですが、いかがいたしましょう」というくらいに、自分で練ったいくつかのアイデアを持って判断を仰ぐという姿勢が最低限必要であり、相談する際の心構えである。問題を相手に預けるのではなく、自分の中で要約して提案することだ。

私はマネジメントスタッフに仕事を任せているのだから、経営に参画できる手腕を求めている。事業が一人では成り立たないのと同様に一人ひとりが事業を創り、その能力が結集するからこそ成功へと導くのだ。自分に任された仕事である以上、自分が考えられる限りの労力を費やし、努力を重ねた結果、最終的判断を委ねるくらいの心根が必要だ。

自分の依頼された仕事をマネジメントし、その仕事の上では経営者になったつもりで取り組むべきだ。それは大きく会社のためになり、その鍛練によってマネジメント能力も高まるのだ。

叱られ上手は成長のもと

多くの情報を入手できたり、いいアドバイスを受けたりという、他からの影響をいい意味で受ける人の多くは、基本的に叱られ上手である。

人間の本質として人に厳しく注意されたり、厳しく叱られることはあまり嬉しいことではない。それは叱る方も同様で部下を叱って楽しいことはない。できればお互いそんな場面を極力避けたいものだ。

人の注意や叱責を正面から受け止めるのは大変な勇気が必要で、頭では自分が悪いとわかっていても、人に指摘されると嫌なものだ。しかしそれが人情だからといってミスを隠し、やり過ごしていては物事のけじめがつかなくなる。

そして、知らず知らずのうちに仕事や職場に対する厳しさが失われ、ものの見方や考え方が甘くなってくる。当然自分にとって必要な情報も入ってこず、成果も上がらない。

仕事ではなりふり構わず自分をさらけ出し、いろんな人に叱られることを喜びとし、感謝しながら能力を高めていくべきだ。

新入社員の頃によく上司に叱られていた人が、みるみる立派なビジネスマンになるケースがあるが、それは叱られ上手だからだ。叱られる中で反省し、自分にできる精いっぱいの努力をしたからこそ実力をつけていったのだろう。

新入社員の頃からそういう意識を持っておくことが大切だ。上司になればなるほど、叱ってもらう機会が少なくなるからだ。私のように社長として会社のトップである人間は、社内では叱ってくれる人がいない。ミスを犯すことはできないのだ。ミスをしてしまえば叱られるよりも、即マイナスに繋がることになる。叱られるということは、反対から見れば幸せなことでもあるのだ。

私は経営者としてスタッフに指導する場合、時には厳しい叱責をすることもある。その時は相手の性格や人格によって、その指導の仕方が変わってくる。指導している時の相手の目を見て、より熱意を込めることもあれば、残念に思うこともある。

叱られていることの意味を理解せず、ただ叱られることが嫌なために「もうわかりました。これ以上叱らないでください」というふうな態度では何の進歩も生まれず発展もない。もちろん自分のためにならず会社のためにもならない。

「はい」という返事は同じでも、「叱られるのが嫌だ」と思うのと「もっとアドバイスして欲しい」と喜びを持って聞くのでは、次にチャレンジした時の成果が違う。叱っている方もその叱責に熱意を込めて、もっとアドバイスをしてやろうと思うものだ。それは叱られることに慣れることではなく、上手に叱られるということになる。

叱られるべき時には上手に叱られ、それを素直に受け止め反省することだ。それが実力をつけ、能力を高めることにもなる。叱ってもらうことをみずから求める心は態度にあらわれ、成功への近道ともなるのだ。

真のリーダーは叱り上手

人は誰でも誉められれば嬉しいが、叱られるのは嫌なものだ。しかし、自分の失敗を叱ってもらうことを喜びと感じられる人は、職場では仕事の能力も早く上がり人間としても成長する。そういう人を叱られ上手というのは前述した。

では反対に叱り上手とはどんな人をいうのだろうか。仕事の経験を積み、時には上司に叱られながら、能力をつけていった人は、いつかは自分も上司となることだろう。叱られる側から叱る側に立場が変わるのだ。仕事やプロジェクトの大小はあっても、責任ある立場としてチームの中心となり、部下を引っ張っていくことを要求されることになる。チーム内での人間関係を円滑にまとめながら、みなの気持ちを一つにして仕事を成功へと導かなければならないのだ。

その仕事の過程で部下が失敗した時、どのように対処できるかというのも、上司としての能力の一つとなるのである。もちろん上司として部下の仕事が成功すれば、たとえそれが小さな内容でも、心から喜び誉めてあげるべきである。

しかし、成功した時よりも部下が明らかな失敗をした時、それについて叱ることの方が難しい。誰でも失敗をするために仕事をするのではないのだから、できれば叱ることは避けたいものだ。

だがここで、事なきを得るために中途半端にしておいては、その人は自分の失敗に気づかず、同じ失敗を繰り返すことになるのだ。それでは人は育たず自分の能力も向上しない。

昨今では優しさがはき違えられることが多く、叱ることよりもまず部下の熱意を誉め、一生懸命頑張った結果の失敗だから、気にしなくてもよいというふうに取り繕おうとするようだ。しかし、それでは上辺の人間関係を保てるだけで人は育たない。その根底にはお互いの弱さがあるだけだ。

会社は学校とは違うのだ。いくら一生懸命頑張っても、効率が悪かったり生産性がなければ、それは即、会社の利益につながるのだ。職場では会社の方針や、仕事の内容にそった成果をあげなければならない。もちろん部下の努力は十分に認めてあげなければならないが、その上で軌道からはずれ、間違った方法をとっているのならば、同じことを繰り返さないためにもきちんと叱ってあげるべきだ。

上司として、部下を心から育ててあげたい、能力をつけてやりたい、会社から評価される人にしてやりたい、給料を上げてやりたい、また夢を達成させてやりたいと思うのならば曖昧にお茶を濁さず、心を鬼にして叱ってあげることだ。それが愛情であり、人材育成の基本である。

上手に叱ることができれば必ず愛情は部下に伝わる。それが真のリーダーシップであり、自身の能力にも繋がるのである。

迷・プレゼンテーターの失敗

プレゼンテーションとは、クライアントやプロジェクトのパートナーに事業や、商品の計画案や概要を紹介、提示するための様々な説明である。社内においても一つのプロジェクトを始める時、あるいは進行中でも、プレゼンテーション会議が行われる場合がある。

プロデュース事業を行う場合、事業や商品の企画をする際に、最初に行うもので非常に重要なものである。まずプレゼンテーションが決定し、その内容にしたがって事業や商品がつくられていくのだ。

手前みそではあるが、私はクライアントにプレゼンテーションをさせていただいて仕事が決まらないケースは非常に少ない。それは我々のチームの経験と、独自の手法によるものであるが、我々のプレゼンテーションは型にはまったものではなく、その事業、商品が必ず成功するという確信のもとにつくられたものであるからだ。プレゼンテーションが決定することにではなく、そのプレゼンテーションによって行われた事業が、確実に成功することを仕事と認識しており、成功をもって喜びと感じるのだ。

反対に社内外を問わず、プレゼンテーションを受ける場合があるが、俗にプレゼンテーターと呼ばれる人たちと一緒に仕事をしていて首をかしげるところが多い。いわゆる迷・プレゼンテーターが多いのだ。

確かに彼らのプレゼンテーションはうまく、膨大な資料をもとに、理路整然とした説明をしてくれる。しかし、そこに事業を成功させるという肝《きも》の部分が曖昧な場合が多い。奇をてらったり、度胆を抜くとでもいうように、相手が驚き、興味を持ってくれることを善しとするような内容だ。

それはプレゼンテーションを首尾よく成功させることを目的とするものであるため、上辺だけのものであり、事業を成功させようという真意が感じられないのだ。

プレゼンテーションとは、事業や商品が完成するまでを十とするならば、十を確信した上での最初の一歩なのである。

事業家にとっては事業は命ともいえるものだ。その概要を提示したり理解させたりするには、プレゼンテーターも命をかけるくらいの熱意が必要である。

自分が成功すると確信できるものでなければ、それは結局、意味のないプレゼンテーションとなり、迷プレゼンテーターになる。名プレゼンテーターとは事業を確実な成功に導く人であり、そのプレゼンテーションは素晴らしい成功を創るものになるのだ。

無意味なマーケティング

マーケティングとは市場調査や宣伝広告など、生産者から消費者へ商品が流れていくまでの一切の商業活動である。これからの事業経営においては、正しいマーケティングによって成否が決まるというくらい重要なものである。

事業は閃きだけをもとに創られるものではない。時代のトレンドや社会の変化、そして将来の展望を認識し、その裏に隠された仕掛けや、世界の流れまでも理解しておく必要がある。現在のように同じ商圏内に同業種、業態が共存し、各社各店舗がしのぎを削って、よりよい商品を消費者に提供する努力をしているという状況を想定すると、マーケティングは必要不可欠な要素となってくる。

刻々と変化する時代において、あらゆる情報を収集し、それを材料として加工し、組み立て、独自の手法に基づいて具体的な形をつくり上げていくことが成功への要素となる。

それほどマーケティングとは事業にとって重要な要素である。マーケティングを誤ると、いくらその商品の内容が素晴らしくても消費者に受け入れられず、利益に繋がらない。しかしここでも忘れてはならないのは、マーケティングがすべてではないということである。情報を得るための一連の作業の中の一部であり、事業を展開するための一要素でしかないのだ。

その事業の成功はマーケティングだけではできない。あくまでも事業や商品をつくるために必要な情報であり、要素の一部だ。そこから先の部分や、全体の総合力が優れていたからこそ、事業が成功し、大ヒット商品も生まれるのだ。

マーケティングは数値によるところも多いため、型にはまった考え方をしてしまいがちだ。同業他社に勝つために、受け入れられると思える斬新なアイデアや、新しい企画があってもマーケティングから判断するというふうに、これまでのデータや経験による事例、環境だけを判断基準にしている人も多い。しかし、それでは新たな成功は生まれないし、企業の成長もない。

マーケティングこそ事業や商品によって新たにつくられるべきであり、これまでの経験などはあくまでも参考資料ととらえるべきである。その事業や商品を成功させるためのマーケティングにはエネルギーが必要で、一からつくり上げるくらいでなければならない。

最終的にその事業が成功し、商品が大ヒットをしたという結果が出た時に、そのマーケテイングは活かされたということになるのだ。

マニュアルとは最低限の常識

企業や組織が大きくなってくると、一つの商品やプロジェクトに対して、複数の人間が携わることになる。そこでみなが一つのものに取り組む際に、基本となる目的意識や、その作業手順を統一させるための解説書として、マニュアルというものがつくられる。しかし忘れてはならないのが、マニュアルとは基本となる考え方だということだ。

中には百数十ページにも及び、何項目というディティールまで詳しく書かれたものもあるが、それはあくまでも作業手順の大枠であり、肝心の肝の部分を捕らえていなければ何にもならない。マニュアルに一度目を通しただけで理解できるものではない。

また何度も読んで、そこに書かれてあることを覚えたからといって、仕事の手順をすべて理解できるというものではないのだ。

私の会社にも約一千人以上のスタッフが働き、スタッフの統一、会社の理念を統一するためにマニュアルやシステムがある。我々はサービス業であり、お客さまに喜んでいただく、感動していただく、満足していただくということが何よりの喜びと考え、お客さまに満足していただけた時、それが具体的な数字となって返ってくる。

マニュアルとは、その評価をいただくための最低限の常識や、良識を簡潔な文書にしたものだと考えている。もちろんその対象となるのはヒトであり、ヒトからヒトへのサービスのためのものである以上、文字や言葉だけでは決していいあらわせるものではない。

「こんなことができていないじゃないか」といえば「マニュアル通りにしています」、また「それはマニュアルには書いていませんでした」という答えは返ってくること自体おかしいことである。サービスとは精神によるところでありマニュアル通り、型通りのものであるはずはないのだ。

それは他の企業も同様で、マニュアルに書いてあることだけを、その通りに実行していても自分の能力にはならず、企業の発展にはならない。

ヒトとヒトとが会話し、利害関係を結ぶ以上、たとえ、「こんな時どうすればよいのか」という問いに対して「このような行動が考えられます」というように、どれだけ詳しくマニュアルに書かれていても、事業を営む過程では、その数の何倍もの状況に遭遇するのだ。マニュアルだけいくら頭に叩きこんでいても、マニュアルの肝を理解していなければ他の状況に遭遇した時にとまどうことになる。

マニュアルという最低限の常識が記された解説により、その中に書かれてある肝の部分を理解し、自分がお客さまに喜ばれるために何をすべきかというサービスの精神を常に磨き、実行するのだ。

交渉の真意

いい商品を安く売るためには仕入れが勝負となる。仕入れというものは、事業の成否を大きく左右するほど重要な役割を持っている。同じ商品でも少しでも安く、質のいいものを、短い納期で仕入れることができれば、当然利益が上がるものだ。

今日のようなモノが溢れる時代においては、大ヒットを生む商品をつくり出すのは難しい。いい商品ができたとしても、簡単には利益に繋がらない時代である。それならば、そのもとになる仕入れとなると、さらに難しく安易な取り組みでは許されない。それこそ真剣勝負で取り組むべきものだ。

それは商売の原理原則であり、事業を行う上では、誰もが常にそういう意識を持つべきである。こちらが少しでも安く買いたいと思えば、お取り引き先さまは少しでも高く売りたいと思うものだ。そんな時に見積り段階での交渉力がものをいう。この時にどれだけ相手を説得できるか、という交渉する力によって結果が変わってくるものだ。

私は会社のスタッフからお取り引き先さまの見積り書を見せられ、「君、金額についてはお願いしてみたのか」と聞くと「一応交渉はしてみたんですが、これが限界です」ということがある。

しかし同じものでも、私が交渉してみるといい商品が、安く、短い納期で仕入れることができる。これは熱意の問題で、交渉する人によって結果は違ったものになるのだ。

この時に、ただむやみに安く買いたいがために「まけろ、まけろ」ということでは、相手に対して大変失礼なことである。もちろんこちらの要望は受け入れてもらえないだろう。しかし例えば「この値段では高い。適正であったとしてもこれでは利益が出ないので、もう少し何とか考えて欲しい。貴方の利益をさいてくれとはいわないので、適切な方法を考えて欲しい。方法次第では安く、しかも貴方の利益も上がることができると思う」というような要望をすれば、結果は違ったものになるはずである。

お取り引き先さまも商売である以上、こちら側の注文や指示を受けた時、この仕事はなかなか面白いと魅力を感じなければ取り引きはしないだろう。

最終的に交渉が成立した時、相手に押し切られた。しかし、なるほど彼の意にそえるよう努力した結果、十分に利益が出た。これは非常に勉強になったと喜ばれることになる。ここで研究したことが、みずからの経営に跳ね返ってくることにもなるのだ。

このように、熱意を込めた交渉は自分だけではなく、双方の利益となり、常にそういう意識を持っていると大きな成果となってくるのである。

会社の経営はたくさんのお取り引き先さまによって成り立っている。その方々といい利害関係を保つことによって事業を行うことができるのだ。そこでお互いが共存共栄しようという真意がなければ交渉は成立しない。

私の会社では、お取り引き先さまにも経営参画していただくつもりで、お付き合いいただいている。お取り引き先さまには大変恵まれており、「加藤さん、ここが悪かったよ。次回からはもう少しこうしよう」などと、非常に前向きな意見や情報をいただいている。そしてあらゆる手法を考えて、いい商品を少しでも安く提供してくださる。

この気持ちにお応えするためには、我々の事業をさらに拡大することや、掘り下げることによって、たくさんのいいものが売れるフィールドを創っていくことである。それは最終的にお客さまにいいもの、安いものを提供するということに繋がるのだ。

いいもの、安いものを仕入れるということは、我々の利益を確保するということではない。交渉というのは仕入れることだけを考えることではないのだ。

いい商品を安く仕入れた結果、お互いの共存共栄に繋がり、それを最終的にお客さまに還元するという真意を持って交渉するべきである。それが交渉が成立することの意義であり、会社の使命である。

三章　自分の意識を高める

ヒトは生きていく上で、ただ毎日を暮らすのと、自分なりのビジョンを持ち、目的意識を持ち、それを達成するために、日夜努力を続けるのとでは、その一生において大きな開きができる。

日常におけるどんな状況に対する時でも、常に自分の意志を持ち、正しく判断し、積極的に行動することは素晴らしい。自分がおかれた環境や現状に甘んじることなく、また決して嘆くことなく、強い意志のもと、誠実に生きることだ。

それが自分のため、ヒトのため、また世の中のためになり、ヒトとしての成功者となり得るのだ。

リクルーターの目指す道

働くということは自分のためでもあるけれど、多くの人のためでもある。自分の働きによって会社が利益を上げ、結果的には社会を発展させ、貢献することに繋がるのだ。

このように考えると、職業は社会生活において最も重要な要素といえる。またその選択は日常生活はもちろん、人生においても大きく左右するものだ。素晴らしい社会生活を送るのも、不本意な社会生活を過ごすのも職業の選択が大きくかかわってくる。

学生生活を終え、これから社会へ出ていこうというリクルーターにとって、職業は上辺の判断ではなく、生涯のパートナーを決めるに匹敵することだ。自分の生き方や理念、また将来のビジョン、広くは人生において共鳴できるという、本来の意味で決定をすべきである。

私の会社は小さな会社であるにもかかわらず、年間三百人ほどの応募者があり、毎年少数ではあるが新卒の社員を採用している。面接時に私が必ず聞くことは「あなたの夢は何ですか」ということだ。

彼らの多くは「仕事を覚えていずれは独立したい」、「一国一城の主になることを目指している」という。なるほど志としては壮大で素晴らしい。

しかし夢は実現すべきものと私は考えるので、その具体的な方法を、どのように考えているかを突っ込んで聞いてみると、ほとんどのリクルーターたちは口ごもってしまい、私はちょっと首をかしげてしまうことになる。

中にはきちんと説明できる人もいるが、勘違いしていることが多い。要はマニュアルにそって生きていけば失敗がないとか、教育を受けていれば仕事ができるといった、学校の延長というような発想なのだ。

そして次に「年間の公休日はどれくらいあるんですか」、「キャリアを積めば、年収などはどれくらい上がるものか具体的に教えてください」、「就業時間は何時から何時までですか。残業手当てはどうなるのですか」という。

このように現実に事業家を目指しながらも、サラリーマン発想のリクルーターが非常に多い。もちろんそういう発想では成功はしないし、夢の達成はできない。夢を達成しようと思うのならば、強い信念と並々ならぬ努力をする覚悟が必要であると、アドバイスさせていただいている。

では、もし私がリクルーターの立場であればどうかというと、やはり事業家を目指したいと思う。そしてどんな会社を選ぶだろうかと考えると、まず条件の悪いところへ就職したいと思うだろう。条件が悪いというのは一般的なシステムができ上がった会社よりも、会社組織ができ上がっていない、環境整備ができていないところを選ぶということだ。

そして小さくても、大変な仕事を任せてもらえる可能性のあるところに飛び込むだろう。条件の悪いところは競合相手がなく、産業として衰退している場合が多い。そんなところに大きなチャンスがあると考えるからだ。環境整備の悪いところを自分で整え、見出しつくり上げていきたい。それをやりがいと感じ、自分にできる精いっぱいの仕事をするだろう。それがその後、事業家を目指す私にとって、成功への道筋になると考えるからだ。

世の中は大きく変わり、いずれ多くの企業が将来の約束手形ともいうべき、終身雇用システムを廃止するだろう。個人の能力が評価され、年齢やキャリアに応じて月々のサラリーが貰える時代に将来はない。能力査定によりギャランティが決まり、年棒システムに切り替わっていくのだ。

長かった就職活動も、採用されたことで目的達成と甘んじているわけにはいかない。むしろ人生においてはこれからが大変になる。

これからのリクルーターにとっては、いい意味でも悪い意味でも、自分の力が自分自身の夢を実現させる術なのである。自分がしたいことと、するべきことを理解し、人生の成功へ向かって邁進しなければならないのだ。自分のため、自分なりに会社に貢献し、広くは社会へと貢献するために自立した考えが必要とされるのだ。

世の中は不平等が当たり前

世の中は不平等なものである。にもかかわらず世間では平等であることを善とし、不平等を悪であるというような風潮が蔓延しているようだ。日本は民主主義国家であり、法律ではみなが平等である権利がある。もちろん人が生を受けた時からその人生は公平に与えられ、生きていく術を決める権利は平等である。

しかし、現在の学校教育がそうであるように、平等であるために通知表の評価が曖昧になり、運動会では順位をつけないということで、生徒に優劣をつけることを防いでいる。それは平等ということのはき違えだと感じる。

義務教育である限り授業を受ける権利はみな平等にある。しかしその中で一生懸命勉強した者は成績が上がるべきであり、運動神経の優れている者は一等賞をとるべきだ。片寄った平等主義を植えつけられた子供は競い合う心を持たず、世の中みな平等だと錯覚したまま大人になってしまうのだ。そして社会へ出た時、世の中の不平等に愕然とするのだ。

何もかも平等であることが社会の基本ではなく、その評価の基準が公平であるべきなのだ。

能力のある人は、それに応じた評価を受けるべきであり、反対もまた同様である。社会では能力のない人に味方はしてくれない。それを錯覚していると社会から取り残されてしまうのである。

社会では、みなが平等な能力を持っているということはあり得ない。能力に差があるからこそ、他との競合や競争の中でそれぞれが努力し、成功や失敗が繰り返されるのだ。「それは不公平だ」などという声が聞こえることがあるが、それは当たり前なのだ。事業においては能力の高い人と低い人を、公平に評価してくれることはない。

人間関係でも人に人気が集まるのは、必ずその人に魅力があるからで、いい関係を持つことができない人は、自分が気づかないうちに人を傷つけたり、悩ませたりしているはずだ。不等に扱われていると思う前に、その原因をまず考えることだ。そこには必ず何らかの理由があるはずである。それが本来の平等であり、人生の面白味でもあるのだ。

また、仕事での能力や業績に対しての評価は、同じくらいだからといっても、必ずしも同等に扱われるということはない。それはその時の周りの状況や、タイミングにもよるだろうし、ただ人の好き嫌いや、気が合うか合わないかといったことで選ばれる場合がある。そして選ばれなかった人は、世の中の不条理に思い悩むのだ。

経営者としてはスタッフを見る目は公平でありたいだろうし、むろん私自身もそんなことのないように心がけてはいるが、他の社会システムとは別のところに人間の本質があるものだ。それを不平等だと嘆くよりも、前向きに自分でできる範囲の努力をするべきである。人間である以上、何もかもがパーフェクトにできることはない。自分の中で能力の高い部分をさらに磨き、足りないところを努力して補っていくことだ。

平等であることを願うより、不平等の中で勝ち残っていくからこそ、それは自信に繋がり成功を勝ち取ることができるのだ。

辛抱が実を結ぶ

我々が社会へ出てまず最初に驚くことは、社会の厳しさとお金を稼ぐことの難しさである。昨今では親や教師に叱られるという経験を持たず、学生気分の抜けきれない若者たちは、まず最初に就職活動という難関にぶつかる。そして無事その難関を突破し、希望に燃えて入社したはいいが、落ち着く暇もなく、突然社会人としての厳しい現実と対面するのである。

仕事というものの意味を理解する術もないままに、上司に叱られ、自分の将来を託そうと入社したはずの会社に不満を覚え、「こんなことをしていては自分の能力が無駄になる」と感じるのだ。

私の会社でも入社後三カ月くらいで辞表を持ってくる人がいる。熱意のない人は私の会社には必要ではないので、辞めたいという人を無理に引き止めはしないが、一応理由を聞くと、「自分の思っていた会社ではありませんでした。ここでは私の能力は活かせません」という。しかし、よく考えてみて欲しい。みながみなそうだと決めつけるのは本意ではないが、それだけの短い社会経験で、その環境が自分の思っていたところか、どうかなどわかるのだろうか。

確かにこれまでとは著しく変わった環境にとまどうのは無理もない。これまでは、ただ消費していた自分の生活が一変し、今度は生産していかなければならないのだ。これは頭で理解するというよりも、身体や心で経験し、体験によって納得するべきものである。しかし、そこに辿り着く前に、その自分のおかれた環境に我慢できずに転職を考える人も多い。自分が辛抱しようとせず、職業を簡単に変えようとするのだ。

中にはどうしても職場に馴染めず、転職によって能力を発揮できる人もいるだろう。しかし少しの辛抱もせず、ただ自分の職や方向を変えさえすればいいというような気持ちでは、いくら環境を変えても同じことの繰り返しである。また社会もそれを許すべく、転職を奨励し、様々な手立てを講じたのも、これに拍車をかけたことになる。

我々の父親くらいの年代には、辛抱するという素晴らしい精神が生きていた。少々古臭いと思われるむきもあるだろうが、この辛抱する精神こそ、現代において成功する重要なポイントとなると私は考える。

ひと昔前には、自分の環境を変えるというのはまず難しい時代であった。貧富の差は激しく、生まれた環境の差も大きい。その中では辛抱することは日々の生活では、当然のことと誰もが受け止めていた。だからこそ、裕福ではない家に生まれた者は将来に夢を描き、それを実現するためにがむしゃらに頑張ったのだ。その辛抱こそが彼らのエネルギーの源となり、将来への大きな原動力となったのだ。

今日成功者といえる人を見ていても、それぞれの環境の中で頂点となるためには、楽に毎日を送ってきた人は、誰一人としていないだろう。辛く、苦しい時期も将来への展望をなくさず、ただひたすら辛抱して乗り越えてこられた方ばかりである。

大きな成功の陰には、多くの努力と逞しい精神力が必要だったはずである。その中から一筋の光りを見出した結果が、成功へと繋がったのである。

成功したいと思う気持ちは、誰もが多かれ少なかれ持ったことがあるだろう。しかしそれを実現するためには、成功という目的のために方向を定め、その過程で通らなければならない道は、みずから喜んで通るくらいの心根が必要だ。右も左もわからない時期には、ただただがむしゃらに働き努力することだ。そこで辛抱ができれば、決して無駄にはならない何かを身につけ、将来において必ず自分の宝と思える時期がくるのだ。

心がけしだいで勉強はできる

私は自社のスタッフには常に「成功しなさい」といい続け、またそれを願っている。願いが叶い、現在では一国一城の主になって頑張っているスタッフもいるが、残念ながらみなが成功できるわけではない。やはり成功者になるためには、並大抵の努力ではなれず、ただ毎日の仕事をこなしているだけではとうてい夢は実現できないのだ。

成功した人たちは、運や時機に助けられたこともあるだろうが、彼らはみな一様に、とてもよく勉強している。

勉強とは心がけしだいでは、日々の生活の中でもできることだ。自分の職種が何であるにしろ、その専門分野に精通するだけではなく、世の中のあらゆることを知っておいて損はない。

もちろん仕事上での疑問を、尊敬する先輩や上司に質問することも勉強のうちだ。彼らの助言や指導の中にもたくさん得ることがあり、勉強になることが多い。毎日の仕事の流れの中で覚えていくことも、それが蓄積されれば結構な量にはなるだろう。またプロジェクトの現場で体感することも一つの勉強だ。しかし、それだけでは一般のサラリーマンでしかない。

毎朝夕の新聞を丹念に読むことも社会を知る勉強であり、テレビやラジオのニュース番組でも時代の流れがわかる。また難しい単語に出会えば、辞書でその意味を調べるうちに、その前後左右の文字の意味も調べておく。

このように自分の知りたいことだけを理解するのではなく、一つのポイントから次のポイントへと疑問が派生していけば、いつしかそれがくせになり、自分でも知らない間に随分の量を勉強していることになる。

例えばレストランをプロデュースするのであれば、デザインは大切な要素となる。また建築のことも知っておくべきだ。さらにサービスの仕方も欠かすことはできない。これは専門の人に任せるだけでなく、自分で勉強してこそ本物になるのだ。

人に聞くのもよいが、書店へいけば、各分野のありとあらゆる専門書が並んでいる。また料理については、街を歩けばどこにでも飲食店があり、テレビでも毎日料理番組が流れている。研究しているうちに、全く違う観点から見えてくることもあるはずだ。それらすべてに完璧に精通するのは難しいが、心の持ち方いかんで、どこからでも勉強はできるのだ。

私は会議の終わりに必ず「この件について何か質問は」と聞く。この時、勉強している人、また勉強しようとする人からは必ず手が上がる。質問内容も的確である。反対にいわれることだけをしている人は、質問することすらわからないのだ。

学生時代と違い、会社では黙っていては誰も教えてはくれない。社会では本人の意識がなければ勉強はできない。常にそういう意識の中で生活を送り仕事をしていれば、必ず何かを得、自分の能力を確実に向上させられる。そして必ず成功者となり得るだろう。

金の貸し借りは心の貸し借り

昔の人はよくいったことだが、カネは命の次に大切なものだ。こんなことをいえば若者に嫌われるかもしれないが、実際、カネがないためにみずからの命を落としたり、多少のカネがあるがために、傲慢になってしまうこともあるのだ。

それほどヒトにとってカネは大事なものであり、大切に扱わなければならないものである。特に事業や商売をする人にとっては、それが商いの存続を決め、それにかかわるすべての人たちの生活を支えるものだ。それはカネがあることを善《よ》しとし、ないことを悪《あ》しとするのではない。要はカネというものは自分の力で儲け、蓄え、使うものであるということだ。

必要な時にカネがなければ、人に借りればいいという発想では成功しない。事業であれば自社の資金が足りないので、金融機関から借りるということがよく行われる。しかし、自己資金でない限り金額の大小にかかわらず、金銭の取り引きが生まれた瞬間に利害が生まれる。返済できなければ倒産という最悪の結果にもなりかねないのだ。

また個人でも、「来月には返すから貸して欲しい」、「今度会う時に必ず返すから」といわれ、断る理由が見つからずに「いつでもいいよ」ということが平気で行われる場合がある。この場合貸す方も、借りる方もそれほど重要なこととは考えないが、その表面下では友人同士であった関係に上下関係ができ、気づかないうちに友達同士という関係が壊れていくのだ。

借りたものを返さないという約束の守れない人は論外であるが、それほど大切なカネを平気で借りるという行為に問題がある。またカネを貸すことの平気な人は、借りることも平気である。

「太っ腹だから、頼めばなんとかしてくれる」、「気がいいので頼まれれば断ることができない」といわれることがあるかもしれないが、今すぐにでも改めるべきだ。

要は貸す方も借りる方も、金銭のやり取りを重要視しないため、人間関係においての貸し借りにも無頓着になってしまうのだ。いい人間関係をつくるのは大変な労力を費やし、一朝一夕にできるものではない。ヒトとヒトが巡り合い、お互いを取り巻く様々な環境の中から、お互いを選び、努力してつくり上げていくものだ。

仕事や生活、精神など、その他人生を彩る環境においては、互いに助け合って生きていくことは美しく、人間ならではの行為である。しかし、ことカネに関しては、簡単に貸し借りすることが助け合うことにはならない。

自分の仕事に対する正当な報酬を善とし、あくまでも自分の命であるというくらいに考えなければ、仕事はもとより、人生においての成功者になることはできない。

心を込めてありがとう

ありがとうという言葉は、人間同士の会話の中にはよく用いられる言葉である。例えば自分に対して人が何かをしてくれた時、感謝したい気持ちをあらわすために、ありがとうという言葉がある。

ありがとうという、たった五文字の言葉の中には有り難い、心から感謝したい、身にしみてうれしいという心の底から湧き出てくる思いが隠されているのである。

人に感謝することを言葉で表現できるというのは、人間ならではの素晴らしい伝達方法である。個人的に人に心からありがとうといえる時、そこには必ず感謝の意が込められているはずだ。

ヒトが生きていく上では常に何らかの形で他人が存在する。自分に協力し、自分のためにあり、また反対に自分も他人のために存在している。そしてお互いに感謝する、というこの相互関係が人間形成を育むのだ。

ここで他者に対して心からありがとうと感謝の意を表現できる人と、そうでない人とでは、人としての潤いに大きな差ができる。自分がしたことに対して、たとえそれがほんの些細なことであっても、心から感謝の意を述べられると、人は感動するものだ。

反対に上辺だけの、要するに言葉だけのありがとうといわれても、そこに心が込もっていなければ何も伝わらない。言葉が欲しいのではなく、気持ちが欲しいからだ。

これは事業においても同じことがいえる。事業は一人で成り立つものではない。他の人の協力のもとに成り立つものなのだから、常に感謝の気持ちを忘れるべきではない。

特にサービス業が、お客さまの喜びをみずからの喜びとするのならば、人に対して心から感謝を表現することが要求されるのだ。

サービスマニュアルの中で一番最初にある用語が、「ありがとうございました」である。

それこそ毎日数えきれないくらい口にしているだろう。これはマニュアルにしたがえばお客さまの目を見て、はきはきと、きれいなイントネーションで表現するということであり、練習しているうちに上手にいえるようになってくる。

しかし、そこに心がともなっていなければ、お客さまの心には響かない。ただ業務の一貫として口に出していても、お客さまの耳を通り過ぎるだけである。

お客さまが来店してくれたことに感謝し、また商品をおいしいと喜んでくれたことに対して、心から嬉しく思い、お客さまの喜びを、みずからの喜びと感じることができなければならない。その時の心からのありがとうございましたという言葉は、必ずお客さまの心に響くはずである。

ありがとうは文字ではない。心の底から湧き出る感謝の意をあらわす言葉である。

貯蓄するくせをつける

一生懸命働き、その中から計画的に貯蓄する。これは我々日本人の得意とするところであり、将来のことを考えたり、いざという時のために自分の収入の中から、少しずつでも蓄えておくという堅実な行為である。

しかし最近はそういう意識のない人が非常に多い。もちろん貯蓄にはいろいろな形態があり、知識や情報、ノウハウも必要だが、ここでいう貯蓄とは、単純にお金を貯えるということだ。貯蓄、要するにお金を貯えることができるか、できないかということをポイントにおいても、仕事や人生の成功に大きくかかわってくる。

仕事での能力のある人にも貯蓄ぐせの全くない人がいる。また意識の中にある人でも「今の収入では生活が精いっぱいなので無理だが、いつか自分の年収が上がった時には貯蓄しよう」とか、「何かのきっかけでお金ができた時はこういうふうに貯めよう」と、ばかげたことをいっている。

心がけしだいで、たとえ年収二百万円であっても、真剣に貯蓄に取り組む気持ちさえあればできるものである。大袈裟にいえば生活費の中から月々千円でも貯めていけば、一年で一万二千円になる。それを銀行に預けていればいくらかの利息がつく。これはもう立派な貯蓄ということになるのだ。そんな人は収入が増えた時には、またそれに見合った額の貯蓄ができるだろう。

反対に二千万円の収入があっても、それを全部生活のために使えば全然貯められない。無駄づかいというよりも金銭に対する計画性の問題だ。しかしその計画性は、人生においての生活設計に比例する。

私の会社のスタッフの中にも、きちんと貯蓄をし、将来への計画性のある人は多い。しかし特に若いスタッフに多いが「君、貯蓄はしているのか」と聞いてみると、「いや、全然しておりません」という人がいる。「しかし、社会人になってからでも何年かは経っただろう」といえば、「今の収入では生活に精いっぱいで、貯蓄するまでは残りません」という。そして数年後に収入が上がった時に同じことを聞いても、また同じ答が返ってくることが多い。

貯蓄のできない人というのは、自分の生活基準を収入と同額におき、収入をすべて使ってしまうのだ。自分を飾ることや、遊びに使うといった快楽主義的な感覚だから、収入が増えれば、その分だけ快楽に使うお金が増えるという結果になる。そしてそのつど、いつかは貯蓄しようと考えるのだ。またそれは人生においても同じで、いつかどうにかしようという考えでは成功はない。

貯蓄というのは、使ったお金の残りを貯めるという発想では決してできるものではない。成功する人たちはどんな環境でも貯蓄ができるのだ。自分の将来を考えた上で、計画的に貯蓄するという意識を高く持っているからだ。

それは人生においても同じで、そのつど対処するというものではなく、将来を考えて、堅実に努力を重ねていく。そして結果として、いつか大きな成功が勝ち取れるのである。

公の場で手をあげる

社会人になれば、公の場で自分の意見を自分の言葉として、公然と述べられるかどうかで成功者となり得るか、否かが決まる。自分が発言できる機会があれば、仕事に対する経験が浅く未熟であったとしても、熟考し、正しいと思った意見は結果を気にせず、胸を張ってどんどん提言するべきだ。

友人や同僚同士で「ああでもない、こうでもない」といい合っていても、それは単なる愚痴にしかならず、何の結果も出ない。たとえ結果としてそれが取り入れられなかったり、よりよい方法が取られたとしても、公の場で自分の意見に責任を持ち、公然と述べるという行為にこそ意義があるのだ。

企業になると、会社の方針や新規事業展開、また小さなプロジェクトに至るまで、会議で方向を決定していくことになる。本来、会議とは参加する全員で話し合うものである。私も必ず会議中には「何か意見は」、「質問は」と聞くのであるが、その場では何もいわないスタッフもいる。

しかし、終わってから何かの機会でその会議の話題になった時、「あの件に関してはこんなことも考えられますよね」、「ほとんど決定していたのでいわなかったんですが、僕はこう思います」と聞くことがある。

食事をしたり、酒を飲みながらともなると、舌もなめらかになるのだろう。非常に素晴らしい意見を聞くことも多い。みなそれぞれ一生懸命考え、自分なりに事業を成功させるために努力しているのだと後で気づくことになる。私はそれをなぜ会議の時に提案しないのだろうと思うのだ。

物事には時と場所というものがある。人間関係においてもいえることだが、職場では公の場でモノをいうことこそ必要だ。公の場で手を上げ、自分の意見を理路整然と述べる勇気を持たなければならない。時と場所を間違えると素晴らしいアイデアでも、どんなにいい意見、行動でもそれは単なる愚痴であり、マイナス要因として不満を残すだけである。

会社には、事業に真剣に取り組み、勇気ある提言のできる人材が必要なのだ。そんなスタッフの勇気ある意見は、仮にそれが決定事項にはならなくても、会社には大きなプラスであり、事業の成功への大きな力となるのだ。

成功は一つのものを貫く信念から

何事においても、成功するためには、一つのものを貫くという信念が非常に重要である。一芸に秀《ひい》でた者というが、一つのものを追求し貫いたために成功し、勝ち方を知っているからこそ、他のものにチャレンジしても成功するのだ。

反対にある程度の成功や少し軌道に乗ったくらいで、他のものにチャレンジしてもいわゆる共倒れになり、器用貧乏だということになる。少しできる、少し成功したことが、かえって失敗の原因になることがあるのだ。

それが趣味の範囲や家庭でのことならばまだ救われるが、事業となればそうはいかない。バブル時期に代表されるように一社一業種は芸のないものと、本業を貫かないままに事業を拡大し、多少の儲けを得ただけで、結局はすべてを失ってしまった人も少なくない。

このように一つのことを貫くという精神は重要で、結局その中で生き残り、現在成功を続けているのは一業種を貫いてきた会社に多い。

もちろん多角経営をしているところでも、成功している企業はある。人においても同様で、能力のある人が違う分野でも高い評価を受けることがある。しかし、そこには必ず一つのものを貫いてきたことにより、確立された成功への原理があるはずだ。また、その原理原則を理解しているからこそ、他のビジネスにチャレンジしても成功できるのだ。

私のお世話になっている、ある事業家の方は人事採用の時に「あなたは何かに勝ったことはありますか」ということを必ず聞くという。それは、例えば学生時代に何かについて一番になったことでも、若い頃にけんかに勝ったということでもいいから聞かせてくれということだ。そして成功や勝った経験のない人は採用しないという。それは一つのものに卓越し、勝つ経験を持つ人が企業を成功に導くという理念だろう。

私は同業者だけではなく、他業種の人たち、またスポーツマン、アーティストなどいろいろな人と会話する機会を大切にしている。そんな中で高い評価を受けたり、成功を勝ち取っている人たちには共通点が非常に多いことを感じる。

それは職種にかかわらず成功するための、原理原則には共通する要因が多く、それぞれの方法が違うだけで同じように努力し、同じような手法で組み立てている。一つの分野で勝利者となることで、見えてくるものは同じなのだ。

勝つということについての肝の部分を理解しているからこそ、成功への原理原則が理解できるのだ。一つのことを貫くという強い信念と、それをひたむきに実行する姿勢が成功を生み、次のステップへ臨む資格も得るのだ。

趣味は事業にならず

私はよく「加藤さん、これは加藤さんの趣味ですか」、「あのレストランやホテルのデザインは好きなんですか」と聞かれることがある。私は「全然好きではありません」と答える。

それは我々の事業のスタンスというのが、まずその市場性を把握し、綿密なマーケティングを行い、分析した上でターゲットを設定し、一番売れる商品をつくるということであり、個人の好き嫌いではないからだ。

私の好きな業態や、デザインが多くの人の心を動かせたのではなく、その地域のお客さまに受け入れられ、喜んでいただくような設定にしているからこそ、大成功をおさめてきたのだ。だから結果として、その商品が私の趣味と一致することはあっても、私個人の趣味をそのまま商品づくりに当てはめるということはない。

だからこそ様々なエリアで、様々な業態にチャレンジできるし、そういうことをプロデュースだと思っている。

事業として失敗するケースは、自分はこれが好きだからという趣味、嗜好で事業を行うことが多いと思われる。市場のトレンドや、一般のお客さまに喜んでいただくということよりも、好きだからということに固執し、オーナー個人やその会社の特質の中で、趣味、嗜好に走ったモノづくりをしてしまうのだ。しかし、勘違いしてはいけない。事業経営はそんなに甘いものではない。事業である以上成功しなければならないのだ。

仮に最初は自分の好きなことを仕事に選んだり、得意とする事業を行っている人たちでも、やはり売れている事業や、商品をつくっている人たちというのは、個人の趣味、嗜好だけのモノづくりはしていない。

例えば音楽を志し、夢がかなってミュージシャンになった人でも、売れている人たちというのは、大衆に受け入れられる音楽を創っている。プロデューサーやレコード会社の意向もあるだろうし、本人の思う方向ではないかもしれないが、やはり事業と考えれば売れる商品をつくることが優先されるからだ。

クリエイターでも同様、売れている建築家は、やはり売れる建築物をつくっているし、デザイナーはあくまでも、その商品が売れるためのデザインをするべきで、その視点はあくまでも商品にあり、デザイナー本人の趣味、嗜好にはない。

事業であるかぎり、収益を上げなければならず、自分の技術や芸術性だけを信じて創造すればよいというものではない。いわゆるアーティストになってはいけないのだ。

またアーティストでさえも、今日において偉大なアーティストと呼ばれる人たちは、その存命中、不遇な時代を過ごしていたことはよくある話である。これなどは結局、時代を越えて、本人の意向にかかわらず私たち現代の大衆が受け入れたということだ。

人はそれぞれの夢や目的をもって仕事を選ぶ。人それぞれに様々な目的を持ち、自分の能力を活かしながら努力していくものだ。もちろん、好きこそものの上手なれというように好きなことを職業にでき、自分の好きなものだけで仕事ができれば、それは理想的で否定するのではない。しかし、それを事業とするのであれば、決して自分の趣味や嗜好に片寄ったモノづくりをしてはならない。

事業とは経営活動であるのだから、大衆に受け入れられなければ収益が上がらず、また利益も得られない。利益が上がらなければ、成功はないことを忘れてはならないのだ。

自分の結果と会社の成果

事業というのは、様々な要素が複雑にかかわり、会社の理念や経営方針にしたがって経営活動をしていくものだ。そして社内の各部署ごとの成果が結集された結果が、会社の利益に繋がっていくのである。

ここで勘違いしてはいけないのは、その結果とは決して部署や、チームの成果ではないということである。経済活動においては、最終的には会社が利益を生む、また成果を上げるというのが結果を知る重要な判断基準であり、少しでも高く、多くを目指すのだ。

例えば自営業や個人で商売をしている人の場合は、自分の行動すべてが直接利益を左右するので、こういう意識は常に持ち合わせている。簡単にいえば、この仕事でいくら儲かるかということで、仕事内容だけではなく、数値的な部分も把握しており、すべてを指して結果と捉えている。

しかし、それが多数の人からなる企業になれば、その意識が低くなってくる。事業や組織が大きくなってくると仕事は分業制となり、おのおのの部署やチームが業績を上げるために、それぞれが結果を出すために努力する。

ここで陥りやすいのは、おのおのが自分の所属するチームや、部署が成果を上げることを最終目標においてしまうことだ。作業工程が多くなればなるほど、また社内での組織が分業制になっていけばいくほど、その関係は複雑になり難しくなってくる。これがサラリーマンの陥りやすい溝である。

もちろん自分が努力し、自分の所属するチームが成果を上げることは大切であり、大きくはそれらの力が結集されれば、おのずと会社の利益は上がる。チームの成果は会社の利益の判断基準の一つではある。しかし、それはあくまでも全体の中の一部の成果でしかないのだ。事業としての成果というのは、あくまでも、会社が利益を得ることだということを忘れてはならない。

私は経営者として自社の経営状態・仕事内容は当然すべて把握している。そして仕事として一つのプロジェクトを自分自身が進めていく時には、それがどれだけの成果を上げ、その報酬が会社の利益にどれだけ貢献したかということを、常に意識下においている。それが商売の原理原則と考えているのである。

自分がどれくらいの成果を上げたのか、また会社の利益にどれだけ貢献したのか、そしてそれは本質的な結果に繋がっているのかということを、常に意識しておくべきだ。会社をつくるスタッフの一人ひとりが、こういう意識を持った上で仕事をすれば、その事業は必ず成功し、会社の業績も上がってくるだろう。また自分にとっても、何事も本質を見極められることを、常に意識の中においておけば、仕事だけではなく、生活や人間関係においても必ず成功できるだろう。

事なかれ主義に明日はなし

事業内容が複雑になってくると、一つのことを決定するにも多数の人がかかわり、様々な意見や考えに分かれる場合がある。そんな時、様々な意見を検討し、一番いいと思われる結果が、みなの納得できる形となった場合は問題はない。しかし時には意見がまとまらず、一応の結果に納得できない場合は、人間関係に亀裂が生じることとなる。

しかしここで間違ってはいけないのは、みなが納得するということが目的ではなく、その決定事項が正しいか、正しくないかということである。それは即ち事業が成功するか否か、会社の利益になるか、ならないかということに繋がるのである。

仮に決定事項となりつつある事柄が、明らかに間違った方向に進んでいるのならもちろんだが、少しでも不明瞭なところがあるのであれば、それは問いたださなければならない。たとえその会議のための資料づくりに何日もかかり、長時間の末、ようやく決定した事項だとしても同じである。

「少し納得いかない部分があるがまあいいか」、「みなが賛成するのなら正しいのだろう」、「これで善しとしておこう」、また「誰かがいってくれればいい」という事なかれ主義では物事の進歩はない。仲のよい同僚や上司だからといって波風を起てず、無事を望むという消極的な考えでは、何事も前に進まないのだ。

自分や相手の立場ではなく、時には上司と激しく議論を戦わせ、勇気を持って提言するべきである。会社はイエスマンが欲しいのではない。会社の事業内容から大小のプロジェクトに至るまで、そのすべてにおいて一番正しい方向を定め、それにしたがって事業を成功に導きたいのである。そのためには意見の相違による亀裂があったとしても、避けて通れないことならば、それは必要な通過点と考える。

みなが事業を成功させるために、真剣に取り組んでいるからこその議論であるならば、そこで生まれた決定事項はみなが納得できるものであるだろう。そして議論が終結せず、判断がつかない場合は、最終的な決断は会社の最高責任者が下す。

また内容によって各部署や、プロジェクトのリーダーの判断に委ねるのである。そして決定事項に対して最善の努力をするのだ。それによって違う意見を持つ人たちも発想を転換させ、みなが一丸となって一つの目的に突き進むことができれば、素晴らしい組織となり、おのずと成功へ繋がっていくはずである。

過去の栄光は過去のもの

人間にとって自分の歩んできた道は非常に重要な役割を果たす。ヒトはそれぞれ現在の自分に至るまでには、数多くのことを経験してきただろう。仕事や生活の場で、また人間関係においても数々の成功と、失敗を繰り返しながら学習してきた結果、今日の自分があるのだ。

時に辛酸をなめながらも努力を重ね実を結んだ人、また少々の成功に甘んじ努力しなかった人など、人それぞれに違った環境を通過して、今日の自分が創られたのだ。過去の生きざまが今日の自分を創り、現在の状況を創っているといえる。

しかし、過去はあくまでも過去のものであり、ヒトは常に前を向いて歩いていかなければならない。現在の自分がどうであれ、現在の生き甲斐や意義、そして自分は何を目標に進んでいくのかということが重要なのだ。ヒトが生きている限り自分を取り巻くすべてのものが、現在進行形で動いており、自分もまたそれに魅力を感じるものだ。それがヒトを進歩させ、社会を発展させていくのである。

にもかかわらず、中には過去に縛られ、現在の状況にうまく適応できない人がいる。特に昔、成功したことがある人に多いが「僕は昔こんな仕事をしていたんだ」、「あのヒット商品を手がけたんだ」と、過去の成功実例ばかりを重んじてしまうのだ。しかしそれは過去のことで、今となってはもはや昔話でしかない。

過去の話ばかりをする人に現在の成功者は少ない。なぜならば、現在成功している人は、現在を生き、明日の成功を目標に、それを達成するために日々努力しているからだ。過去の成功はそのための参考資料であり、常に前を向いて歩いているからだ。

時代は刻々と移り変わっているのである。個人レベルでもそうだが、これが企業であれば、過去の成功に固執し、甘んじていては間違いなく失敗の原因になる。確かに成功したということには意義がある。その手法が正しかったからこそ成功を生んだのだろう。しかし過去はあくまでも過去、その事例は現在や未来を創る参考にはなるが、それにすがっていては進歩はないのだ。

目標は達成するためにある。しかし、それが達成できた時には、もう目標ではなくなるのだ。その次の瞬間には、次のハードルが待っていると考えなければならない。成功も、成功した次の瞬間にはさらに大きな成功へ向かって歩き出すべきである。その意識がヒトを向上させ、企業を発展させるのである。

器用貧乏は大成しない

世の中には博識で何事においても一家言を持ち、あらゆる物事の道理を理解している、要するに驚くほど頭のいい人がいるものである。

私の知人にも何人かいるが、彼らは政治、経済から、時代のトレンド、経営論から芸術まで熟知しており、おおよそのソフトからハードに至るまでのことに精通している。またそれらすべての情報を網羅し、数字にも明るいという才能の持ち主だ。もちろんそれらの知識から生まれた自分の理論を持っている。私がどんな内容の質問をしても、すべて正確に答えてくれるし、成功論も正しいと思えるのだ。

私は人の意見をうのみにすることはしないが、彼の意見は説得力があり、その言葉通りに事業を展開すれば、間違いなく成功すると誰にも思わせる。

しかし、こんな素晴らしいと思える人が成功しているかというと、結局大きな成功はしていないことが多い。なるほど、彼らの頭脳構造や思考回路は素晴らしいものである。これらは自分の知識の中のすべてに理論があり、何でもできるのであれこれと気が多く、一つに絞りきれないのだろう。いわゆる器用貧乏ということであり、一つのモノを貫けないために大成しないのである。

反対に成功者の中には、一つのことしかできない人がいる。もちろん単純な意味での一つのことではないが、たとえば芸術家やスポーツマンがそうである。彼らは人より優れた一つの能力や、才能を武器に全身全霊をかけて、その技を磨き、貫いた結果成功者となり得るのだ。

これは不器用かもしれないが、成功への確かな道を歩んでいる。

何事にも精通しているというのは大きな才能である。しかし、それをいたずらに消費していては、せっかくの才能が無駄になる。より多くの情報を活かし、それをバランスコントロールすることによって、一つのものを見出した時、それは大きなパワーとなり大きな成功を生むのである。

倒産する人の事業計画

私はプロデューサーとしての立場から、多くの人にお目にかかりアドバイスする機会がある。今日のような長引く不況時においては、簡単には収益を上げることができず、事業経営は非常に難しい。それぞれの方が、明日の自社事業のことを深刻に考え、真剣に取り組んでおられる。

プロデュース事業の中で事業家の方を客観的に見ると、大きく二通りのパターンに分かれる。今後新規事業を展開したい方と、現在の事業経営が思わしくない方だ。

新規事業を展開したい方とは、現在の事業はうまくいっているが、五年後、十年後という将来を考えた上で、「新規事業にチャレンジしたいので協力して欲しい」、「少しずつでも収益を上げるための業種や、業態を考えていきたいので事業提案をして欲しい」と前向きに事業展開を考えている方だ。

しかし、もう一方では「現在の事業が思わしくない」、「どうすればいいのかわからない」とおっしゃる方がいる。また中には今まさに倒産寸前で、どうしようもないという方もいる。そのような状態に陥った時には、まず事業経営本来の姿を冷静に、また客観的な意識を持って分析することをご指導させていただいている。

以前、お取り引きのあった、ある内装業者の方が青ざめて会社にやってきた。今まさに倒産寸前だという。私はあまりそういう仕事は受けないが、お世話になった方なので相談にのった。話を聞いていると、とにかく現状の運営資金を借金によって賄い、経営不振を何とかきり抜けるしか、会社存続の手立てはないというのだ。

それは最も危険な方法だと思ったが「どこの銀行に借りられるのですか」と聞くと、「知り合いにある人を紹介してもらうことになっているんです」とおっしゃる。不信に思い「どういう契約で、どのような取り決めをなさったのですか」と聞けば、「いや、まだお会いしていないのではっきりとしたことは決めていないが、信用できる人らしいです」という具合である。

さらに、その借金ができたとして「返済の目処《めど》は立っているのですか」と聞けば、「現在進行中の仕事もあるし、今、見積りを三社に出しているので、これが決まったら三カ月後にはどうにかなると思います」という。

きっといけるはずだ。まだ大丈夫だとここまでに至ったのだろう。もう少し早期に対応していたら、ここまでに至らなかったのにと思いながら、資金計画のフローチャートをご指導したことがある。何らかの形で私のアドバイスが足《た》しになったらよいと思ったが、こういうケースはよくある話だ。

そんな方々に一番多いのは、事業経営の悪因となる事業計画の異常性に気づいていないことだ。自己資金でないにもかかわらず、計画段階で頭の中ではすでに資金化しているのだ。数見積り段階で、事業としてはまだ十パーセントくらいしか進んでいないにもかかわらず、数カ月後には資金となるものと仮定している。要するに借入金計画や、資金繰りに麻痺してしまっているのだ。

昨今のような景気の後退につれて、企業や個人商店でも倒産が増えてきている。また倒産にまで至らないまでも、存続が危うい会社も多いだろう。

反対に倒産しないためには、どんな事態に落ち込んだとしても、常に冷静であり、客観的な目を持って事業を見つめることだ。意に反して倒産の危機に立たされたとしても、自身の持つ力、また自社の強さを分析し、一からやり直すというくらいの強い意識を持ち、努力すれば必ず復活するだろう。

またこの時期になお、着実に収益を上げ健全な事業を経営していくためには、現状に甘んじることなく、常に客観的な目で自社の事業を見つめるという意識を持ち、長期的ビジョンを持ちつつ、早期に対応することが自社の存続の大きな要因となり、明日への成功へと繋がるのだ。

次代継承を成功させる秘訣

事業家として大きな事業を成功させた人が、必ず悩むところは次代継承である。自分が創った一国一城ともいうべき会社を、どのように継承していくかが、成功者の次の大きな悩みになってくる。事業の成功は、経営者の統率力や並々ならぬ努力の賜といってもよい。

次代継承というのは、単純に経営者がかわるということではなく、これによって経営自体が大きく左右されることもある。事業が成功し、発展するということは社会へも貢献し、その存続は大きく期待されるものである。

私はたくさんの事業家の方たちとお会いするが、事業家として成功していても、次代継承に悩んでおられる方が非常に多い。中には事業を継承する人が見つからず「そろそろ引退をしたいのだが、跡継ぎがいないので事業を任せたい」と私にお任せいただくケースも最近では多い。

私の場合は次代継承の成功例だといえる。それは創業者であった父が病に倒れ、私は弱冠十八歳から経営者となることを余儀なくされたことにもよるだろう。もちろん、父と会社経営について話す機会は少なく、仕事についてのディティールまでを教わる間もなく二十二歳で今生の別れをした。

その後は自分なりのやり方で成功をおさめ、世間でも評価をいただき、ありがたく思っているが、反対に私はあくまでも二代目であるという意識が非常に強い。それは大きな意味での父の生きざまや精神を、その根底の部分で百二十パーセント受け継いでいると思うからだ。

私は創業者としての父を深く尊敬している。反対に父と私の経営手法は全く違うところにあるのも事実である。百八十度違うといってもいいくらいだ。それはなぜかというと、いくら親子とはいえ、人格も性格も別の人間が行うのだから、その手法は違って当たり前である。第一に時代が違うのだから、父が成功した手法が現在において適応できるものではない。

私は私のやり方で時代に合った手法を見出し、父もまたそれを納得し、喜んでくれると考える。それは私が将来、誰かに事業を継承する時もそうあって欲しいと願う。

創業者の失敗の多くは、例えば身内に継承する場合、自分の経営手法をすべて二代目に移入するというやり方だ。それは無理な願望である。性格も人格も、仕事の仕方や、物事の対処の仕方までを、継承しようというやり方は失敗の大きな原因になる。基本的に継承者に相応しいと選んだ二代目には、その人格、経営手腕を信じて、すべて任せるということが大切である。

事業家は、その成功の過程では一つの失敗もなく、現在に至った人はおそらくいないだろう。ひと口ではいえない苦労や、多くの修羅場を乗り越えてきたはずだ。中には倒産か、存続かという危機を乗り越えた人も少なくないだろう。あらゆる経験を重ね、勝ち残ってきたからこそ今日の成功があるのだ。その経験を二代目にさせてあげることが大切である。

事業家の多くは、継承者を他の企業で数年の社会勉強をさせた後、自分の会社へ戻すということを行う。しかし、それはあくまでも社会勉強に過ぎず、経営者としての経験にはならない。経営者は最終的な決断を速やかに下さねばならないのだ。事業の過程を任せていても、最終的に手を差しのべたりアドバイスをしては、本当のリスクは生まれないし、経営者は育たない。

次代を継承させることは、自分と同じ人格を望むことではない。事業を成功させるという強い精魂を継承させるべきだ。

会話の魔は事業の魔

ヒトは誰も、他人に悪く思われるよりはよく思われたい、少しでも高い評価をして欲しいと願うものである。常に自分に正直であり、自分が納得できると思える正しい信念を持って生きたいと思う心とは裏腹に、他人の目を気にして、他人の眼鏡を借りて生きてしまうのも、また心情だ。これが個人レベルならば、反省や努力によって回避する術はある。

一方、事業となるとそうもいかない。例えば私自身気をつけてはいるが、事業家の中には「今、年商はいくらですか」、「何店舗持っておられるのですか」、「従業員は何人くらいおられるのですか」と聞かれることがある。これを書類に記入するのならば社内のデータを取り寄せ、正確な数字を記入するだろう。

しかし、人との会話の中で聞かれると、どういうわけか実際よりも大きくいってしまう人がいる。また「来年の事業展開はどうされるのですか」と聞かれれば、目標ではあっても具体的には進んでいないことまで答えてしまうことがある。

事業家にとっては、事業拡大することが正義であると考えてしまいがちである。つい自分の能力や、会社の規模を大きくいってしまうのだ。これは嘘をついたり、見栄を張るというつもりもなく、これまで事業を拡大させた実績が、人との会話の中で錯覚して、架空の話を進めてしまうのだ。

ことに成功者になればなるほど、人の話に乗せられてしまう。事業を成功させた時の喜びや、人からの高い評価を経験しているため、話の中で快感を得ようとしてしまうのだ。そして錯覚したまま事業を展開すれば、当然の結果として失敗を招く。

自分の欲や計画というものではなく、話題にのぼる企業や事業家の話などをしているうちに、会話の流れの中で展開してしまうのだ。これは事業家にとっての魔となる。

事業は計画性が大切であり、あらゆる方向から検討した結果、成功すると確信しなければ展開してはいけない。確実に着実に進むべき方向に進まなければならない。事業家は冷静な目を持って自社の現実を把握し、確実に成功の道へと導いていかなければならない。

共同経営の失敗

事業家が新規事業を始める時、二人以上の経営者が、トップの責任を同一の資格で行う場合がある。いわゆる共同経営という形態である。しかしこの共同経営の成功事例は、意外に少ないというのが実情である。

経営者としての資質や経験のある人たちが、お互いに信頼し合ったからこそ、新しい事業を始めようというくらいだから、本来ならば、その事業は倍の発展を遂げてもおかしくないのであるが、失敗に終わるケースが非常に多いのである。

これは簡単にいうと、船頭は二人いらないということである。会社のトップである以上、事業の最終的な決断をし、実行し、その責任を負わなければならないのである。トップが下した決断に対して、他の誰も責任を取ってはくれないのである。

大企業の経営者になると、何十億という利益を上げる可能性と同じくらいに、何百億という損失を出すリスクも常に抱えているわけだ。経営者は誰に頼ることもできない孤独感と戦いながら、自社の繁栄のため、社員やその家族すべての行方を決定し、一人先頭を歩かなければならないのだ。

その責任感を全うするためには、強い意志と多大なエネルギーがいるものだ。にもかかわらずなぜ成功しないかというと、理由は二つある。

一つには、そのような人間が二人いると、そのエネルギーが分散される場合がある。自分と同じ意識を共有する人間が、もう一人いることへの安心感である。これは裏返せば馴れ合いということになりかねない。

もう一つは、お互いの仕事の範囲の、取り決め方の曖昧さによる対立である。強いエネルギーが融合すると大きなパワーとなるが、対立すると決定的なダメージとなるのだ。会社のトップの対立は事業の方向を見失い、社員の士気に大きな影響を及ぼすのである。

仮に事業が成功しても、次にはカネや名誉の分配が難しい。また失敗すると責任のなすり合いになる。

ではどうすれば成功するかというと、まず資本と経営、資産と運営の分離などを明確にしておくことだ。お互いが事業を取り巻くすべての要素に、同一の権限を持つのではなく、事業を成功させるという強い信念のもと、その責任範囲を明確にしておくことで、自分の責任分野に、すべてのエネルギーを注ぎ込むことである。

もちろんお互いの責任分野であっても、事業を成功させるために経営者として、それが納得できない場合は、議論を戦わせるのは当然である。しかし独立企業と同じで、最終決断はそれぞれが下す。そして片方は決定した事項には速やかにしたがうことだ。

それが実現できればスムーズな経営活動ができ、共同経営によってより強固な組織形態ができ、その事業は大きな発展が約束されるだろう。

撤退する勇気

事業が成功するということは、その事業を取り巻くすべての要素のバランスが、うまくコントロールできた結果だといえる。事業家は常に事業を成功させるという強い信念を持っており、その目標が達成できた時、さらに大きな飛躍を望むものだ。

それは年商であれ、事業規模であれ、新規事業への展開であれ、少しでも高く、少しでも多くを望むものだ。そのために努力を怠らず、日夜目標に向かって邁進し続けるのだ。

しかし、ヒトの人生でもそうであるが、事業というのは常に順風満帆に進むわけではない。いくらでき得る限りの努力をしていても、国の政治や経済事情、また天災という外敵からの大きな圧力によって、自分の力が及ばないところで、バランスを失ってしまう場合もあるものだ。

そんな時、潔く撤退できる勇気が必要である。しかし成功者といえる人は、これまで倒産の危機から立ち上がってきた人も少なくない。だから多少のバランスを失っても、立ち上がることができるという自信を持っている。

それゆえに「今は少々状況が悪いが、いつか必ずよくなる」と信じ、撤退するということを考えない。この自信が過信にならなければ幸いだが、自分の我欲が災いして、大きな失敗へと繋がってしまってはどうしようもない。

もちろん、あらゆる努力で状況を回避する手立ては講じるべきである。しかし、会社の中の一つの事業、一つのプロジェクトの失敗が、会社本体までをも失ってしまうという、最悪の結果となる場合もあるのだ。

物事にはタイミングというものがある。チャンスを見逃さず、逸速《いちはや》く行動を起こすことも重要であるが、それと同様に引き際も大切である。どのような努力をしても、どうしようもない時はプライドや我欲は無用である。

一つのモノを創り上げるためには、多くの資金と強いエネルギーがいるが、それを失う時には、その何倍もの大きな勇気が必要である。精魂込めた事業や、プロジェクトから撤退するのは断腸の思いだろう。

私の発想は常にプラス思考であり、事業においては何事にも失敗しない、つまり常に成功するという発想のもとに最善の努力をしているが、細部では反省点も多々あるのも事実である。

また現在では事業は順調に営んではいるが、仮に事業の行方が思わしくなくなった時、撤退する勇気があるか、どうかということを毎日のように考える。

事業が困難にぶつかった時には、最高責任者である私の判断が会社の命運を決めるのだ。失敗することを考えて事業を行うのでは決してないことは、ここでいうまでもないが、事業を行う上では、そういう判断を迫られるということを、常に心には持っているべきだと考える。

盛者必衰の理をあらはすという言葉があるように、「世は無常であり、ときめく者、勢いの盛んな者も必ず衰えることがある」という境地に立つことが、会社全体を考えなければならない事業家の宿命である。小さな失敗を認めることが、大きな成功に繋がるのである。

四章　成功するプロデュースの法則

プロデュースを成功させるには秘訣などない。事業が「流行《はや》ること」、「儲かること」に命がけで取り組むだけである。その原理原則とはまことに単純なものである。しかし、これを行動に移すのが非常に難しいのである。

一つの事業を行うためには、様々な要素が複雑に絡まり、簡単にできるものではない。つまり「流行ること」、「儲かること」を実現させるために、考えられる限りの要素を集約しなければならない。

そして万に一つも失敗の危険がないと確信できた時、はじめてプロデュースを成功させることができるのだ。

プロデュースの基本的な判断

事業や商品のプロデュースをする時には、まず物事の判断基準をどこにおくかということが、重要なポイントとなる。商品ができ上がるまでには、数えきれないくらいの様々な過程を通り過ぎていく。その過程の中で常に何が売れるかを、的確にジャッジできなければならない。そして最終的に買う側が受け入れ、売る側に利益が上がる。要するに儲かることの判断ができること、計算できることがプロデューサーの基本である。

よく一般の方々の中でも、生活に根づいた商品をみずから考案し、個人で商品化し、それがくちコミで市場に浸透し、いつしかヒットを生んでいるというケースもある。少し人と違った観点で生活を見直せば、ヒットを生む商品開発ができるということだ。

しかし、プロとしてクライアントから仕事を依頼されるプロデューサーは、必ず儲かることを要求される立場にある。自分が欲しい、という個人の主観ではなく、あくまでも一般の生活者の欲求に応じるために、常に第三者の視点を持って、客観的な判断を下さなければならないのだ。

ではどんなことの判断から始めればよいのだろう。

まず第一段階では、人間に誰もが備わる感覚である五感から始めてみよう。眼、耳、鼻、舌、皮膚の器官を働かせ、視覚、聴覚、嗅覚、味覚、触覚で感じる様々なものを判断してみよう。

目で見て美しいか美しくないか、耳で聞いて静かかうるさいか、匂ってみていい香りかいやな匂いか、食べてみてうまいかまずいか、触ってみて固いか柔らかいかという単純な識別でいい。

これを個人で判断してみる。そして、これらを友人たちが集まった時にでも聞いてみて、数人の答で統計をとってみれば、自分の周りのごく一般的な感覚の基準がわかる。

その時に男女別、年齢別、また出身地別などで分けてみても面白い。この段階では誰もが備わる感覚なので、あまり大差はないだろう。次にそれを、対象とできる数種のもので順位をつけてみる。すると少し開きができるはずだ。

考え方としてはこれを基準に、まずどちらであるか、次に違うモノと比べてどうかということを念頭においていただきたい。

さて第二段階はもう少し判断のレベルを上げて、より個人差ができると思われる生活スタイルの中で使いやすいか使いにくいか、わかりやすいかわかりにくいか、欲しいかいらないか、便利か不便か、高いか安いか、遠いか近いを判断してみる。

これらは少し判断が難しいと思われる。使用目的や使用頻度にもよるだろうし、個人の性質や生活レベルがかかわってくるので、単純には判断しにくい。使いやすく、わかりやすく、便利だから買うというものではないからだ。

例えば安いが使いにくいものや、欲しいが高いという具合になることがある。また、「これなら高くても欲しいとは思うが、今は取り立てて必要ない」という人もいるだろう。車で十分の距離を遠いと思う人もいれば、電車で一時間の距離を近いと思う人がいる。これらは会社での同僚や、上司に統計をとるのも面白いかもしれない。

第三段階はさらにレベルを上げて、人それぞれが持つ情緒的な部分での判断をしてみよう。心地よいか心地悪いか、ムードがよいかムードが悪いか、またセンスがよいかセンスが悪いか、かっこいいかかっこ悪いか、好きか嫌いか、バランスがよいかバランスが悪いかというものの判断である。これらは職業や個人的な趣味、嗜好で違った答が出てくるだろう。ここまでくると一般のレベルではなかなか難しくなってくる。

以上に述べたような判断材料をもとに、その他様々な判断できる事柄についてみなで検討し、統計をとってみた時、より多くの票数をかせいだモノが、一般の消費者に受け入れられるということが、おわかりいただけただろうか。そして、これらの項目を個人の主観や趣味嗜好を排除し、客観的に見極めることがマーケティングの基本的な考え方となる。

そして最終的に、ここからが大切なのだが、あらゆる検証をした上で流行るか流行らないか、売れるか売れないか、そして儲かるか儲からないかを的確に判断できることだ。

これがプロデュースの必須条件である。そして最終的にクライアントである売りたい人の立場で、儲かることを判断できることがプロデューサーの資質となる。

あくまでも個人の主観ではなく、その商品のマーケットや、ターゲットの中で万人に受け入れられるということを客観視できることである。

ここで勘違いしてはいけないのは、プロデュースとは先に述べた項目に、すべていい方の判断をすることではない。もちろんかっこいいかかっこ悪いか、センスがいいかセンスが悪いかということは、全体の判断基準ではあるのだが、それらをすべてクリアしたものが売れる、流行ることに繋がるということではない。

最終的に儲かることがプロデュースの基本であるのならば、まず万人に受け入れられることが必須条件なのだ。そのためには、あえて敷居を低くすることもある。

万人に受け入れられるためには、計算ずくで一つはずすことで、効果があらわれることも多いのだ。これを絶妙にできる人が最終目的である儲かるプロデュースができる人であり、プロデュースの醍醐味でもあるのだ。

次表（一四五頁）は儲かる商品の簡単な識別方法である。一見簡単そうに見えるが、具体的な材料について識別しようと思えばけっこう難しいものだ。日常における様々な判断材料をもとに、レベル1の一般レベルから順に読者のみなさまも検証してみて欲しい。

他にも思いつく様々な項目を自分なりに判断してみれば、世間で流行っている、売れている商品の理由がわかるだろう。

各レベルの最終的な目的である売れること、流行ることの判断ができる人がプロデューサーとしての資質を左右し、儲かる商品の判断ができれば、プロデュースは必ず成功するのである。

商売が成り立つ法則

無から有を生み出す。これは商売の成り立つシンプルな法則である。商品ができ上がれば、次にいいものを作る。さらによりよいものを、そして一番よいものをつくるというのが、商売の原理原則である。それができれば常に一番いいものをつくることを目指す。

次には一番いいものをたくさんつくる。それを続けるとどんな商品でも売れ続け、その商売は利益が上がる。これが一つの流れであり、継続できれば商売は成功する。誰にでもわかる単純な法則である。

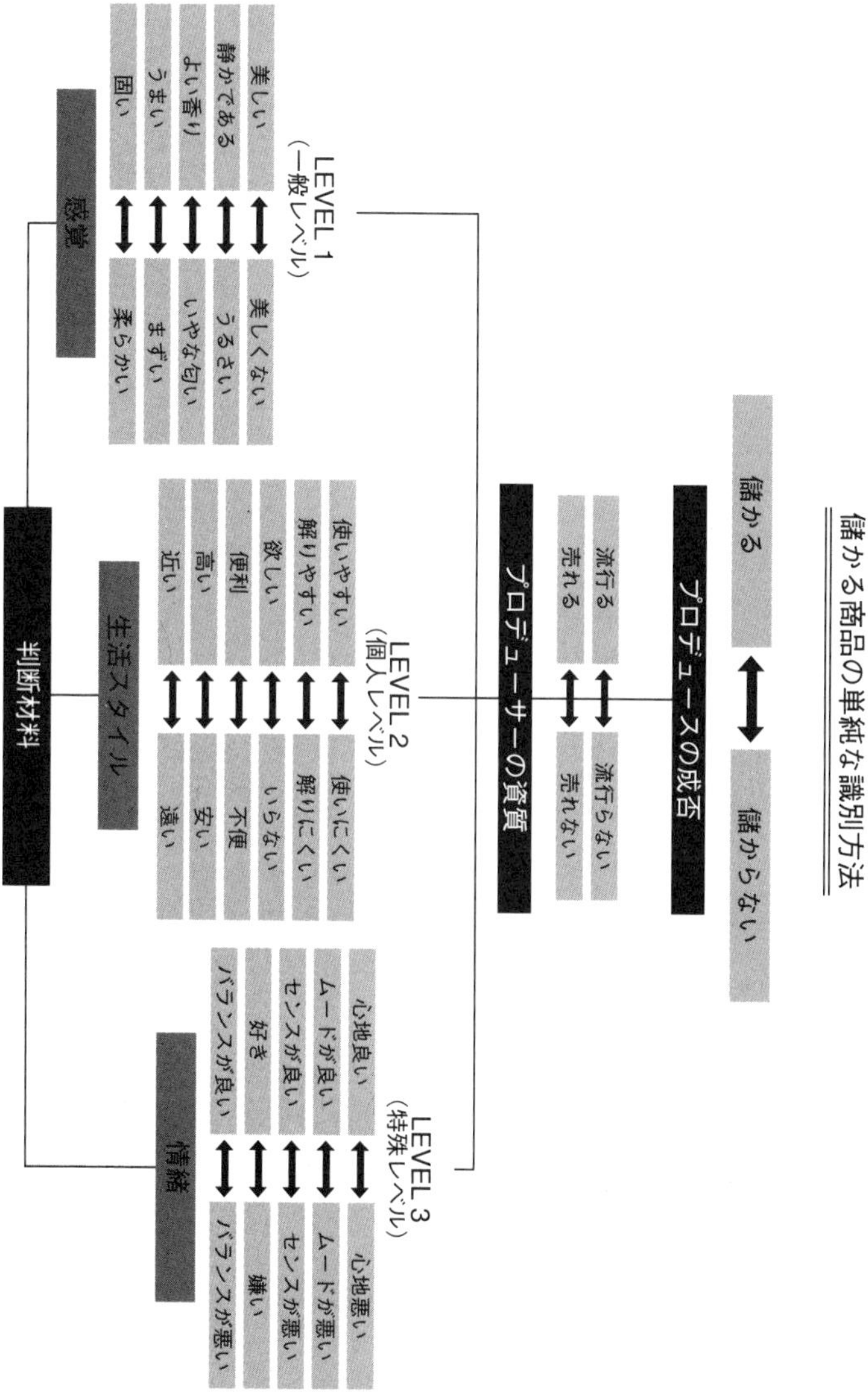
儲かる商品の単純な識別方法
儲かる
儲からない
プロデュースの成否
流行る
流行らない
売れる
売れない
プロデューサーの資質
LEVEL 1
（一般レベル）
LEVEL 2
（個人レベル）
LEVEL 3
（特殊レベル）
判断材料
感覚
美しい
美しくない
静かである
うるさい
よい香り
いやな匂い
うまい
まずい
固い
柔らかい
生活スタイル
使いやすい
使いにくい
解りやすい
解りにくい
欲しい
いらない
便利
不便
高い
安い
近い
遠い
情緒
心地良い
心地悪い
ムードが良い
ムードが悪い
センスが良い
センスが悪い
好き
嫌い
バランスが良い
バランスが悪い

モノがない時代であれば、消費者の必要とするものさえつくり出せば、「有」いわゆる商品は必ずヒットする。これまでに同様の商品がないものであり、競争相手もいないことも、その成功を助ける。

しかし、現代のようにモノが溢れ、トレンドが秒刻みに移り変わる時代であれば、ヒット商品が定番として売れ続けることは難しい。つくる側はその商品をベースに、よりよい商品を研究・開発していかなければ勝ち続けることはできない。

ヒット商品が世に出ると、必ず他が研究し、類似商品ができるからだ。その商品が売れる理由を研究した上で少し趣きを変え、価格を変え、新しい商品として売り出すのだ。そのような同業種業態、同種類の商品の中で勝ち残るために、生活者が今、必要としているものを的確に捉え、他より少しでも、よりよい商品をつくることが条件となる。

そして次には、よりよいものから一番よいものをつくるように努力することだ。一番いいものとは何かといえば、生活者にとって一番欲しいと思う商品である。過当競争を勝ち残るだけではなく今、生活者は何を必要としているのかと逸速《いちはや》く捉えることだ。

どんなものを、どんな人が、どれくらいの価格で欲しがっているのかということを考え、その条件に一番当てはまる商品をつくることである。それを商売として成功させるために、量産体制に入っていくことだ。

複雑な販売の単純構造

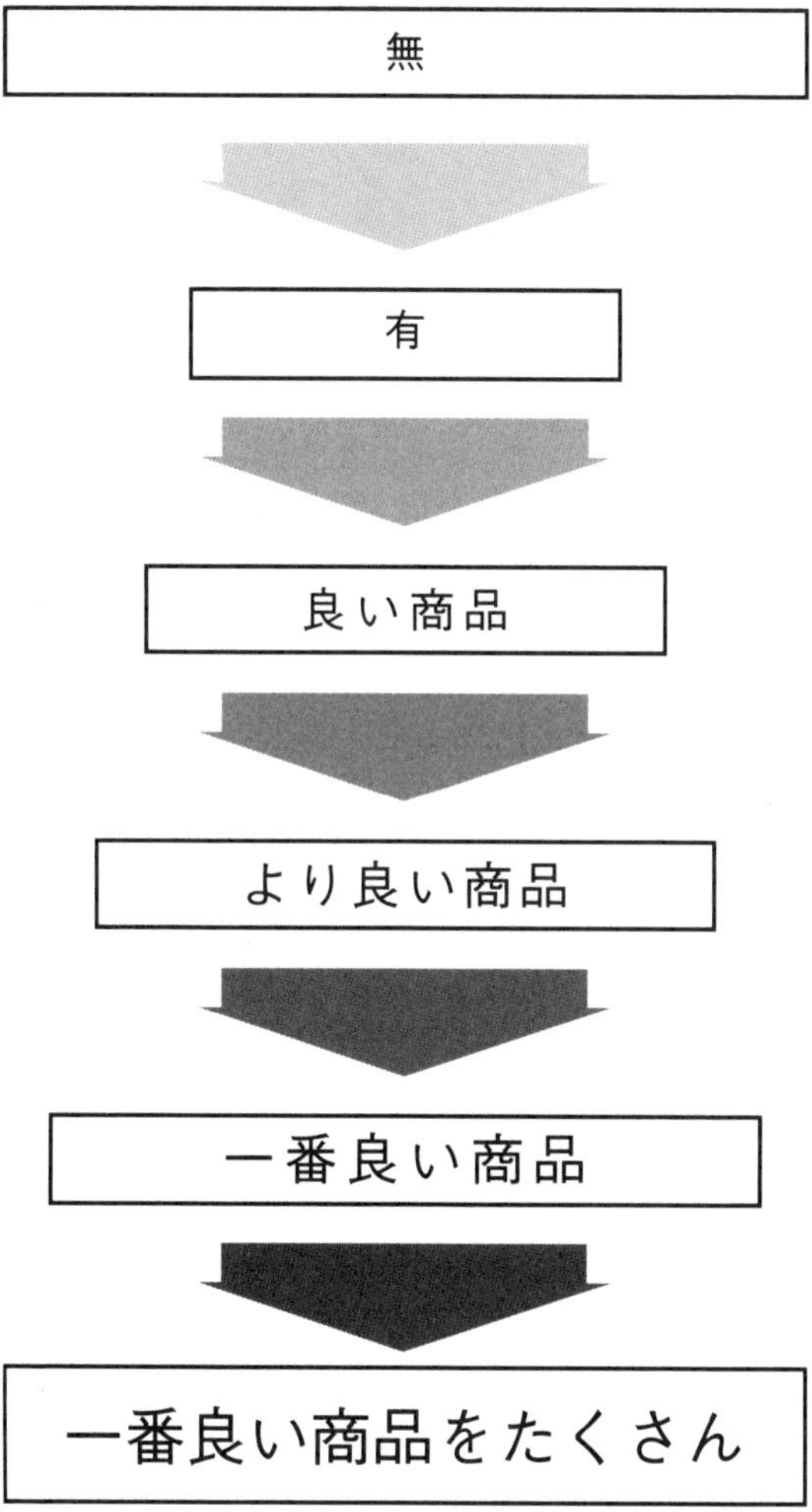
無
有
良い商品
より良い商品
一番良い商品
一番良い商品をたくさん

一番いい商品をつくり、一番必要とする人に、一番適正な価格で売れば、生活者は喜んで、それを欲しがってくれるだろう。当然、その商品は一番売れるはずである。

言葉でいえば単純なことであるが、この条件をすべて満たすことは簡単にはできない。しかしそれをつくり出すために、努力し、研究し、開発していくことだ。この単純な構造は必ず利益を生むからだ。そしてそれが商売の原理原則である。

日本一儲かる商品づくり

プロデュースの基本となる考え方は先にも述べた。売れる、流行るものをつくることがプロデューサーの使命であり、その事業が儲かることをもって、そのプロデュースは成功したといえるのだ。

この成功の究極とは、その競合する業種や業態、また商品の中で最高を目指すことである。国内では日本一売れることであり、日本一流行ることである。これを実現し、結果として日本一儲かることに繋げなければならない。

そのための手法として、例えば日本一流行るレストランをつくりたいとしよう。ではそんなレストランをつくるためには、どんなことをすればよいのだろう。

私がプロデュース事業について講演をする時によく話すのが、次にあげる項目についてである。まず流行る、売れるために、お客さま側の立場で考えてみるのである。

一　どこにも負けない安いものをつくる。国内においての最低単価である一円で売れば、どこにも負けないだろう。

二　どこにも負けないおいしいものを食べさせる。これは決して自分だけがうまいと思うものではなく、万人がうまいと思えるものである。

三　どこよりも立地条件がいいところにつくる。これは地価が高いところではなく、そこで食べたいと思う人がどこよりも通るということだ。

四　どこにも負けないサービスをする。これはいうまでもないが、真心を込めたサービスができることだ。

五　どこにも負けない宣伝をする。例えば来店したお客さま全員がプレゼントとして百万円貰える。

このように安い、うまい、人が集まる、サービスがよい、プレゼントが貰えるとすればお客さまにとっていかない手はない。その他、レストランをつくる様々な要素の中で、そのすべての項目がどこにも、誰にも負けないものができれば、お客さまは喜んで足を運んでくれ、そのレストランは間違いなく日本一流行るだろう。

次に経営する立場で儲かることの条件を考えると、サービスがよいこと、うまいことは当然であるが、

一　どこよりも単価が高い。
二　どこよりも原価が安い。
三　どこよりも人件費が安い。
四　どこよりも家賃が安い。

ということになるだろう。経営者にとっては、必要経費が安く、売値との差額が大きければ大きいほど儲かるというわけだ。

このようにお客さまの立場で売れる、流行ること、そして経営者側の立場で儲かることの条件を区分けして考えられること、これもまたプロデュース思考ということである。

ひと口にいえば非常に稚拙で、単純な構造のように思われがちであるが、私自身プロデュース事業を通じて様々な方とお会いする中で、この質問を順番にしてみるとすべて答えられる人は非常に少ない。

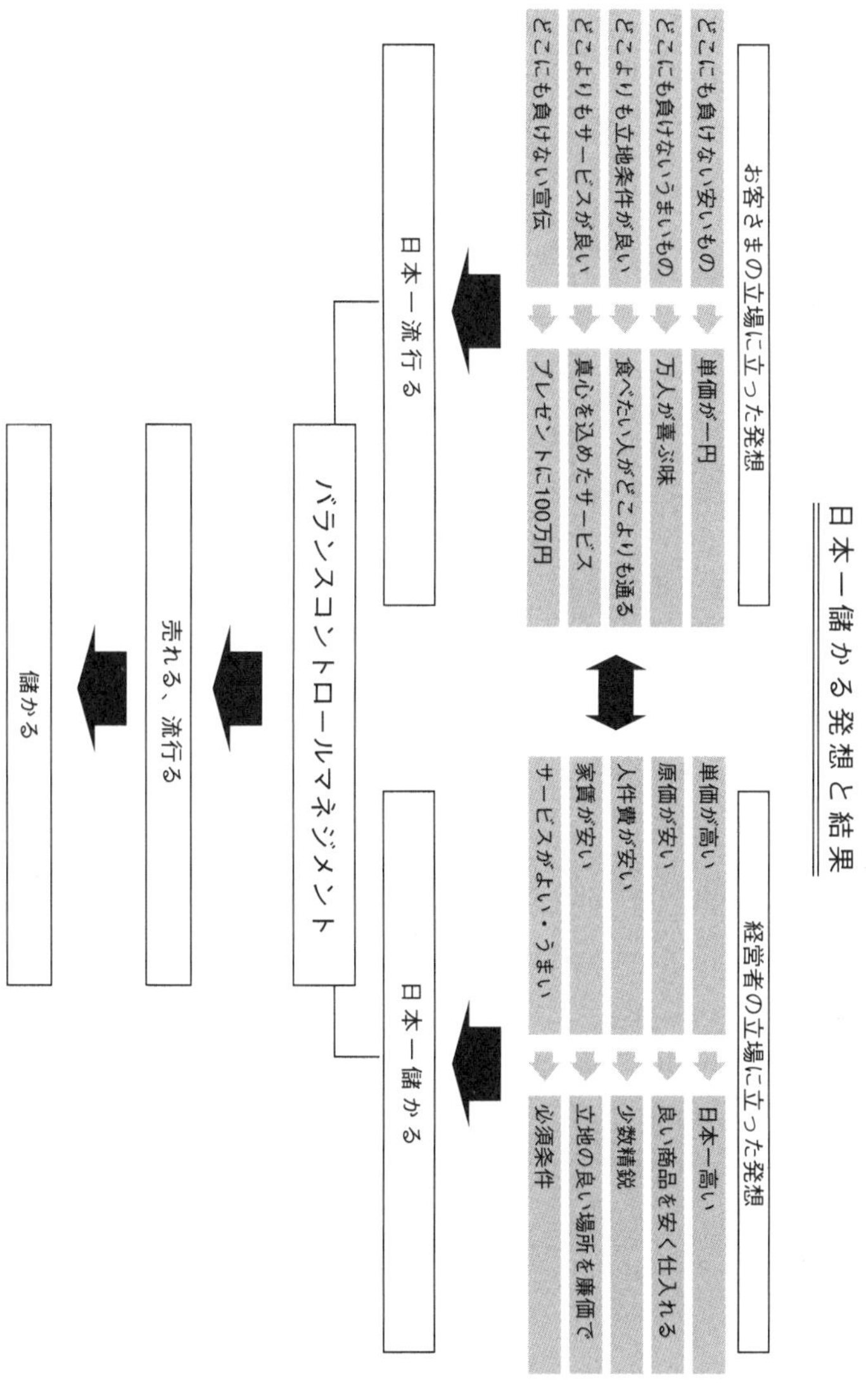
日本一儲かる発想と結果
お客さまの立場に立った発想
どこにも負けない安いもの
どこにも負けないうまいもの
どこよりも立地条件が良い
どこよりもサービスが良い
どこにも負けない宣伝
単価が一円
万人が喜ぶ味
食べたい人がどこよりも通る
真心を込めたサービス
プレゼントに100万円
日本一流行る
経営者の立場に立った発想
単価が高い
原価が安い
人件費が安い
家賃が安い
サービスがよい・うまい
日本一高い
良い商品を安く仕入れる
少数精鋭
立地の良い場所を廉価で
必須条件
日本一儲かる
バランスコントロールマネジメント
売れる、流行る
儲かる

私は仕事が始まる段階、いわゆるドリームワークの段階で、流行るものをつくるためには、これら実務レベルでの条件を満たすことを意識においている。もちろん「流行るものをつくりましょう」という発想の中で、先に述べた条件を満たすべくディスカッションするのだが、クライアントの方でも「こんな安いものを売っていては儲からない」とおっしゃることがある。

また「立地がよければ家賃が高すぎる」といわれることもあるが、そこであきらめては流行るものはつくることができない。安いから儲からない、立地がいいということは家賃が高いという直線的な発想で、業態を諦めていては事業の成功をなし得ないのだ。

儲かること、要するに成功するということの裏には、必ずお客さまの立場に立った考え方と、経営者の立場に立った考え方という相反する二つの事柄を、自由にコントロールできなければならないのだ。それが本来のマネジメントであり、プロデュース思考である。

成功を取り巻く要素

一般に会社経営ではマネジメントエレメント、いわゆる経営の要素としてヒト、モノ、カネ、時間、情報をバランスコントロールできることが肝要となる。
これは非常に難しいと思われるが経営の重要な要素であり、経営者にとってはもちろん、自分の能力を高める上でも、これらの要素を常に意識しながら行動し、仕事や生活を送るのと、送らないのとでは、成功のレベルが違ったものになるはずである。

これは職業や立場を問わず、また職場であれ、日常生活であれ、この要素を巧みにコントロールし、行動することが成功の条件となるのだ。

ではこれらの経営を取り巻く要素をどのように考え、どういう意識の上で、行動をとらなければいけないかを考えてみる。

ヒト

最初に経営の要素の中で最も重要なヒトについて考えてみる。

企業はヒトが創るという意味においてヒトの要素、つまりメンタルな部分に触れておきたい。

これは個々の人間のサービスの精神に繋がる。一つの事業に携わる個々のヒトがメンタルタフネスを常に意識し、誠心誠意を込めた真心から出されるパワーが集結された時、その事業は必ず成功する。

なぜならば、ヒトとヒトで成り立つ社会においては、ヒトが心からのサービスをすれば、必ず万人に伝わるものだからだ。

心の奥底から溢れ出たサービスは、他のどんな要素をも圧倒するのだ。例えば高級シティホテルの素晴らしい電話の応対、老舗料亭の非の打ちどころのない接客、またアミューズメントパークの最高峰である、ディズニーランドの顧客の楽しませ方は、素晴らしいサービスの精神だといえる。

これを廉価なレストランや、アミューズメントスペースで追求できれば、顧客に喜ばれることに違いない。その精神を常に意識の中に持ち、お客さまの喜びをみずからの喜びとし、心からのサービスが追求できれば、必ずその業態は成功する。これは手法と呼ぶべきものではなく、自然発生的に出てこなければ無意味なものになる。

人間の本質として、物事を進める時、仕事上で、日々の生活として、あるいは対人関係で、いけないとは知りつつもヒトは嘘をつく、裏切る、騙す、誤魔化す、取り繕う、義理を欠く、あきらめる、いいかげんにするという悪癖が頭をよぎることがあるものだ。

日常生活においては、このような悪い誘惑に負けそうになる時もあるだろう。しかしヒトとしての成功を目指すならば、自分の心から排除しなければならない。

自分の行動や思考に責任を持ち、常に正直であり、誠実であり、素直であり、根気があり、人情に厚い、気が利いている、高潔であるというようにあらゆる側面から見て、正しく誠意あるヒトであろうという意識を持つべきだ。

それは自分のためであり、ヒトのためになり、世の中のためになるのである。これがヒトとしての成功の原理原則である。

これを事業におきかえれば、正しい事業であるためには常に正直であり、誠実であり、素直であり、根気があり人情に厚い、気が利いている、高潔である商品を提供することである。そういう事業から生まれる商品は誠意があり、その事業を創る企業も、正しいヒトの集合体である。誠意は必ずヒトを感動させ、成功への最も重要な原理原則となる。

モノ

まず事業の中では、それぞれの企業が自分の事業や、商品については十分熟知しているが、他との関係や自分の商品が使われる生活場面になると、案外把握していない場合がある。しかし、我々の生活は、一つのモノだけで構成されているのではなく、ありとあらゆるモノの中で、生活していることを認識しておかなければならない。かつて商品はモノとしての機能さえ果たしていれば、消費者たちが、それぞれの生活シーンの中で自由に組み合わせて使ってくれた。

しかし現在のようにモノが氾濫している世の中では、モノに対する欲求がより高度になり、ただ消費するだけの商品では誰も満足してくれない。生活者たちは生活全体を物語ってくれる商品を求めるのである。ここでモノとしての商品は、単一では意味を持たなくなってしまったのだ。

これに対して企業側は、生活者に受け入れられるモノを提供していくために、複数のモノや情報やサービスを取り入れ、コントロールしながら、商品づくりをすることが要求されるようになった。

例えば本来は交通機関であった鉄道会社や、航空会社は顧客の移動手段として快適に目的地に運ぶだけではなく、様々な面白い商品づくりをしている。

我々の会社でも、ホテル事業を一つの宿泊施設という考え方はしていない。他業種の優れた要素を取り入れ、レジャー産業としての遊びの部分と、そこでゆったりと過ごすための、あらゆる要素を取り入れたモノを、商品として提供しているのだ。

このように一つの商品というモノが、他の要素を組み入れることによって、新しいモノができ上がるという構造が、終わることなく繰り返されるのだ。それは新しい商品をつくり出すという意味ではなく、常にバランスのよい新鮮な発想ができるという意識を持つことが大切なのだ。

カネ

人間が生活していく中では、カネはなくてはならないものである。カネに対する考え方は人それぞれであり、カネがなくても幸せな人もいれば、カネがあるばかりに不幸な人もいるだろう。要は主観の問題であり、その人それぞれの生活の捉え方によって変わってくるものだ。

極端にいえば、食べることさえできれば生きてゆけるのだから、自給自足をすればカネは必要ではなくなってくる。実際に遠い昔には、モノでモノが買える時代があったのだ。しかし、今日では一般生活者にとっては最低限必要なカネというものがある。

特にそれが事業を運営する上では、カネが大きなウエイトを占め、密接にかかわってくる要素となる。事業資金としてのカネであり、利益としてのカネである。少しでも安く仕入れ、高く売ることで利益が上がり、儲かることに繋がることはいうまでもない。

これは決して暴利を貪ることではなく、適正な利益であり、正当な報酬となるのだ。会社にカネを儲けさせることによって会社の利益が上がる。これが自分への報酬としてサラリーに繋がるのだ。

企業としてカネが儲かれば、その事業に関連する他の取り引き先も当然利益が上がる。儲けは他にも派生するのだ。この構造がうまく循環すれば産業は発達し、国の経済も発展することになる。

このようにまず自分や、自分の所属する部署やチーム、また自分が担当したプロジェクトが会社のカネを生み出し、それが大きく社会への貢献に繋がることになるのだ。これは経営の原理原則であり、企業としての宿命となるのである。

時間

今日人々は、時間というものの意味を問いつめていくと、壮大なロマンの世界に到達できるということを感じ始めた。この世紀末において時間に対する関心が高まってきたようだ。時間というものは支配されるものではなく、時間からの自由を確信させてくれるという意味で、昨今の宇宙論は多くの人々を引きつけているのだろう。

よく考えてみると、時間に対する意識は、人の価値観をつくる重要な要素であるといえる。時間は端的にいえば生活の枠組みとして機能するが、この時間に対する考え方や意識の違いは、生活や行動の差としてあらわれる。

また個人の感覚の尺度としても機能する。例えば、新しい、古いという評価をつける際には、そこに時間への意識が一つの要因として機能している。これは、いわば過去から未来への直線的な移動である。そして次には近代化ということが必ずしも、新しいということではないということに気づき始め、時間は直線から平面へと移動し始めた。

　そして今日の社会の構造はいうに及ばず、時間意識がつくったともいえるのではないだろうか。マルチメディアや、インターネットが最たるものであるのはいうまでもない。これで時間は空間を移動し始め、平面から立体へと移り変わったのである。

　事業経営においては近代化が創り上げた、一分一秒というミクロ的な時間の消費の重要性と、近代化によって忘れがちな長いスパンでのマクロ的な捉え方の双方を、立体的な時間として捉えることが、今後の成功に繋がっていくのだ。

　また個人の時間においては、誰もが同様にどのような生活、どのような人生を送るかということは計画できるし、選択できるのだ。誰にも共通して一日は二十四時間であり、一年は三百六十五日与えられている。その同じ条件を持つ時間は計画でき、選択できる資源であり、ストックなのだ。それを大きな意味で理解し、意識において行動する人が時間を制し、成功者となり得るのである。

情報

　生活の中では、あらゆる情報が必然的に入ってくる。意識して入手するつもりではなくても、新聞や雑誌などの媒体、テレビ、ラジオといったメディアによって、また人との会話の中でも、街を歩いていても、知らず知らずのうちに情報を得ていることとなる。誰もが普通に生活を営んでいても、かなりの情報が入手できるということだ。我々はそのあらゆる情報を材料として、それらを識別し、一つのモノを選ぶ判断基準としている。

今日のようにモノが溢れる時代であってみれば、少しでもいいモノを、少しでも安く購入するためには、そのモノに関する情報量で大きな差ができるのだ。

これを事業におきかえるとマーケティングということになり、この情報の量と質、そして深さが成功のポイントとなる。ひと口に情報といっても、その範囲はどこまでなのだろうか。

まず一つの事業を開発する場合、その業種やエリアだけを網羅することは当然であるが、それだけでは事業を営むに足《た》る情報とはいえない。マルチメディアやパーソナルコンピュータが普及し、社会・経済・技術などに関する各種の情報やデータ類を収集、分析し、計算、加工してシステム開発をし、それら情報サービスを売る産業がある時代だ。

他業種や業態、国内の産業動向はもとより、世界の政治、経済までをも簡単に入手できるのだ。ということは同じように競合相手も、簡単に情報を集めることができるということだ。他資本に頼らなくても、自社でもあらゆる情報収集ができなければ競合相手には勝てない。

少ない情報の中では、片寄ったモノしかつくることはできないのだ。新規事業の展開をする際には、これを当然の仕事として意識しておかなければならない。また現在順調で発展を続けている事業においても、常に多くの情報を収集し、その情報をもとにした上で、最も有効な業態開発、商品開発をすることが成功への重要なポイントである。

以上のように事業経営の要素としてのヒト、モノ、カネ、時間、情報のバランスコントロールを常に意識においておくと、成功のレベルが違うものになってくる。

そしてこれらのことを意識におけば、実際に事業展開をする際でのマーケティングは成功の肝を理解したものになる。さらに業態が流行る肝のコンセプト創りができるだろう。また緻密な計画と幅広い視野から検討計画となるプランニングとなり、真心のあるオペレーションができるだろう。

これができればその事業は必ず流行り、成功する。そしてその成功に甘んじず、常にレベルアップを目指し、努力することである。成功には頂点はない。努力に終着点はないのである。

五章　事業家への軌跡

一人の人間の貧しさから這い上がるための強いエネルギーが、事業家としての夢を達成した。その商売への魂と強い信念はヒトを動かせた。

そして事業の繁栄と衰退。その中での数々の成功と失敗、何よりも事業に対する姿勢が次代継承への基盤となった。事業は衰退していたが、決してマイナスからの継承ではなかった。次代継承者は経営者としての、事業を成功させるという強い信念と、信頼できるヒトに恵まれ、今日を迎えられたのだ。

これは決してサクセスストーリーではない。事業家という目を通して私が見てきたこと、行ってきたことを、そのまま伝えることによって、少しでも何らかの参考になればと思い、ここに記した。

成功の喜び

私は現在、事業家として様々な事業をプロデュースしている。自社の経営、また他資本の経営に携わる時、必ず成功させるということを絶対条件として取り組んできた。

私の信念は会社のスタッフ、またクライアントや外部ブレーンの方々、お取り引き先さまにもご理解いただき、みなで一丸となって一つのプロジェクトや、新たな事業に取り組んできた結果、今日事業は順調に伸び続ける結果となっているのだと確信する。

私の会社は私が興したのではない。私は二代目であり、今日の自社の礎《いしずえ》を築いたのは私の父である。その父が病に倒れたので、私が弱冠二十二歳の時、会社を引き継いだのだ。

当時の私は、むこうみずな青年であった。父から経営のイロハを教えられたわけではなく、経営の複雑な常識も何も知らない。ただ父から受け継いだ会社を潰さないために、がむしゃらに働き、自分で考えられる限りの方法で、それこそ命がけで働いた。もちろん私一人で成功できたなどと思うほど傲慢ではない。当時の私を心から支えてくれたみなさまがあったからこそ今日の私があるのだ。

しかし今考えてみると、父は細かい指導など一切してくれぬままにこの世を去ったが、商売の魂を私に遺してくれたと感じる。それが次代継承に成功した大きな要因だったかもしれない。幼い頃から父を見て育った私には、知らず知らずのうちに商売の魂や商売の喜び、また仕事に対する姿勢を身体で覚え、心に培われていたのだろう。

私の事業家としての第一歩は、初めて父にすべてを任された一つの、レジャーホテルのプロデュースである。後に詳しく述べるが、当時の会社は赤字経営だったので失敗は許されない。連日連夜の徹夜にもかかわらず、切羽詰まった私には成功させることしか頭にない。

それこそ考えられる限りの頭を働かせ、使える限りの身体を使った。検討に検討を重ね、そのプロジェクトにかかわった一同が、一丸となって協力してくれたおかげで、完璧な状態でオープンにこぎつけたのだ。その結果、予想を遥かに上回る利益を得られたのである。

喜び勇んで父に報告した時、病床の父は何も言わず微笑んでいた。そしてそっと手を差し伸べ私の頭をなでてくれた。私はただただ喜びを噛みしめていた。それから三カ月後、父はこの世を去ったが、その時の成功の喜びは生涯忘れることはないだろう。また、その喜びが私の事業を必ず成功させるという意志を創ったともいえる。

物事を成功させるためには限りない努力が必要だ。しかし、その結果、成功を摑んだ時、その喜びは何にもかえられないのだ。

商売の始まり

私のこの信念は間違いなく父から受け継がれているものだ。ではその父の信念はというと、貧しさによるカネへの執着であっただろう。幼いころから、命がけで食べるものを得なければ生活できなかった父には、将来お金持ちになってお腹いっぱい食べられるようになるという明確な目標設定ができていた。人間の根底に存在する悔しさのエネルギーとでもいうべきものを、誰よりも強く持っていたのだ。

貧しいという境遇ゆえの、悔しさやみじめな体験が、彼の精神の根底には流れている。モノがない当時であればみなが経験しただろう、その境遇が彼の精神を鍛え、強いエネルギーとなったのだ。

父は四国の貧しい農家に八人兄弟の長男として生まれた。働き者の両親の愛情には恵まれたものの、当時の地主と小作の制度によって、日々の暮らしは楽なものではなかった。当時の尋常小学校四年生になると、家計を助けるために家の畑で採れた野菜を、大八車に乗せて隣の村へ売りに出た。これが父の商売の始まりとなる。

その日その日の売り上げが明日の家族の糧となるのだから、大八車の上に積んだ野菜はすべて売りつくし、帰りは空にして家路につく。これが幼いながら彼の使命であったのだ。

一日は夜のあけきらぬ未明に、その日採れた野菜を大八車に乗せることから始まる。少しの量だと楽に引けるが売り上げも少ない。しかし、たくさん乗せると幼い力では持ちきれず、また売れ残ってしまう可能性もある。鮮度が命の野菜である。売れ残ると次の日には、ただも同然で売り捌かなければならない。働きづめの両親が精魂込めてつくったものである。簡単に売れ残したりはできない。

数々の失敗と成功を繰り返しながらも、少しずつ身体が成長し、多くの野菜が売れるようになった。遠くまで売り歩けるようになり、最初は子供だからと無理に買ってくれたお客さまも、いつしか彼が売りにくるのを心待ちにしてくれるようになった。

父にとってはいつも買ってくれるおばちゃんなのだが、お得意さまもでき出した。「明日はじゃがいもを持ってきて」、また売れ残っている野菜があれば「それもついでに買ってやるから少しまけておくれ」などといってくれるようになり、無駄なく売り捌けるようになった。一生懸命働いているうちに父はいっぱしの商売人になっていたのだ。そんなことを毎日の商売の中で体験し、自分なりに創意工夫しながら学習していった。

野菜は新鮮なうちに、適正な値段で売る、またすべて売るためには必要な分だけ用意するということを覚えたのだ。そしてそれがお客さまの喜びにつながり、自分も嬉しい。家族の生計も立ち、両親の喜ぶ顔も見られる。そこに自分の存在価値を見出したのだ。それが父の商売の形をつくったのである。

悔しさのエネルギー

毎日の生活は楽ではなかったが、辛いことばかりではない。よく働いたがそれ以上によく遊んだ。学校での勉強も一生懸命頑張った。毎日の労働で足腰は強く、体力ある父はガキ大将でもあったという。周りの環境には事欠かない。遊び道具は野山にいくらでも転がっている。砂や木、石ころなどの自然さえあれば一日中遊ぶことができた。

そんな中でも、父にはどうしても欲しいものがあった。モノに対する欲求が芽生えたのだ。それは「肥後守《ひごのかみ》」というものだ。これは小刀の一種で折込式の柄も鉄製のもの、今でいうならカッターのようなものだろう。

しかし、それを親にねだって買って貰えるという環境ではない。どうしても欲しいのならば自分で買うしかないのだ。それは毎日の自分の労働で稼ぎ出すしかない。一生懸命頑張って野菜を売ることが、「肥後守」を手に入れる彼の唯一の方法なのだ。

そして自分でコツコツ貯めたおこづかいでとうとう手に入れた。「肥後守」は彼の一番の宝物となり最大の道具となったのだ。この「肥後守」によってまた新しい遊び道具もつくることができる。現代のようにモノが溢れる時代ではない。この宝物によって随分いろんなモノを自分でつくっては楽しんだのだろう。

よく働きよく遊んだ毎日の生活で、ある日、自分の遊び仲間の一人である地主の息子が、彼の宝物である「肥後守」を「それは僕のものだ」といい出した。もちろん嘘である。なぜなら、それは自分で一生懸命働いた中からコツコツためたお金で、やっと手に入れた大事な大事な宝物であることは、誰よりも父自身の身体が知っているからだ。また自分のものであるはずがないことは、相手もわかっているはずだ。それなのに彼はあくまでも「自分のものだ」といい張って引かない。腹を立てた父はけんかになり、腕力の勝負となった。

当然日々の生活の中で培われた体力は相手の比ではなく、圧倒的な強さで勝った。相手は泣いたが「嘘をつくからだ」と意に介さず、その後も他の友達と、その日の遊びに明け暮れた。そしてそろそろ夕飯の時間になり家路についた。

さっきのけんかのことなど忘れ、「ただいまあー。お腹がすいた」と元気よく玄関をあけると、土間のたたきに両親がひざまづき、土下座をしているではないか。ふと見上げると先の地主の息子と、その父親が仁王立ちになり、両親をあしざまに罵《ののし》っている。どうやら彼らは父の帰りを待っていたらしい。

そして父の顔を見るなり「泥棒」呼ばわりしたのだ。驚いた父は、自分のお父さんがどういってくれるかを待った。もちろん父は無実であり、それを誰よりも知っているのは両親だからだ。しかし、お父さんは一言の弁明もしてくれず、父の頭を土間にすりつけ、ただただ地主に謝るばかりであったのだ。

当時の地主と小作農の関係を、今ここで述べることはしないが、その力関係は完全な主従関係であっただろう。父は家計を助けていたとはいえ、そこは子供である。そんな関係は知る由もない。父は泥棒呼ばわりされたことよりも、相手がお金持ちだから、立場が上だからということで自分を守ってくれなかった、両親の態度にショックを受け、そのみじめさに哭《な》いた。この体験により、世の中の不条理や、自分のみじめさを子供心に植えつけられた。

この話は数少ない父との会話の中で、何度も聞かされた父の少年時代のエピソードである。これはトラウマのように父の精神の根底に流れていたのだろう。このみじめさ、悔しさのエネルギーが父の魂の根底にあり、そこから這い上がり、成功を勝ち取る大きな原動力となったに違いない。

旅立ちの誓い

四国での少年時代、自分なりに商いに対する喜びを覚えた父も十五歳となる。これまでの自分の仕事を大きくなってきた弟たちに任せ、いよいよ本格的に家計を支えるために、大阪の木材会社へ単身丁稚奉公に出ることとなった。

幼い頃から両親の苦労を目《ま》の当たりにしてきた彼は、少しでも早く楽をさせてあげたい、早く大きくなりたいと願っていたため、この奉公は当然のことと受け止めていた。

いよいよ両親のいる生まれ育った土地を離れる時には、期待と不安が入り交じり複雑な心境であった。しかし心配をかけぬよう旅立とうと、精いっぱい元気よく振る舞った。船に乗り、「しばらくはこの村ともお別れだ」と景色を十分目に焼きつけておこうとデッキから見渡せば、その向こうには見なれた仕事着姿の母がいた。

朝の野良仕事を終え、急いで駆けつけたのだろう。父の姿が見えなくなるまで手がちぎれんばかりに振り続けていた母の白いハンカチを、父は生涯忘れることができなかったという。

「ここでは貧しいゆえのみじめさに哭いたことも少なくないが、自分を心から愛し、懸命に働いている両親がいる。働いても働いても報われない両親のかわりに、自分は少しでも早く仕事を覚え、一日でも早くカネを儲けるんだ。それが自分を生んでくれた両親への恩返しだ」と心に誓ったのである。

「自分には三組のお父さんとお母さんがいる。だから普通の人より三倍幸せだ」と父はよくいっていたものだ。

まず第一番目は自分を生んでくれた両親。少年期に商いする喜びと、将来の目標を育ててくれた。

そして第二番目にこの奉公時代、商売の厳しさと商魂というものを叩き込んでくれた両親。そして第三番目に事業家として歩み出したばかりの父を信頼し、信頼関係の素晴らしさと、命を賭けて商売をするという心根を教えてくれた両親である。みな心から父を愛し、後に成功する父の魂の礎を築いてくれた。彼らは欲得ぬきの深い愛情で父を育んでくれた。そして、その後の父もまた同じように、人に対して深い愛情を示すことのできる人となったのだ。

厳しさと商魂

まず、世の中を知るターニングポイントとなった、この大阪での奉公時代は、彼を語るに欠かすことができない。父の毎日は早朝から深夜まで、一年三百六十五日、それこそ生活のすべてが仕事であった。これは当時では当たり前のことであり、父も覚悟はしていたものの、信じられないほどの厳しい環境だ。社長も先輩も失敗には容赦なし。それこそ日に何度も怒鳴られ、時には頭をこづかれることもある。

いい渡された仕事がその日にできなければ、でき上がるまで夕食はお預け。中途半端な仕事や手を抜くようなことがあれば、すぐに見破られれどやしつけられる。田舎ではいっぱしの商売をしていたつもりだった父にとっても、その厳しい環境に最初は度胆を抜かれたことだろう。

この丁稚奉公とは、現在では新入社員の研修期間というようなものだろうが、その辛さや厳しさは現在の比ではない。しかし父は一度も辞めたいとは思わなかったそうだ。それは彼の環境がそれを許さなかったことも、理由の一つであっただろうが、父にとっては、将来自分が大きくなるためには、仕事というものをきちんと理解しておかなければならない。そのためには、ここでの辛抱は当たり前だと思っていたのだ。

働きづめの毎日の中で、こんな考えができたのは、元来の父の前向きでプラス思考にもよるところが大きいだろう。しかしいくらそんな父とはいえ、何も得るものがなければ、そんな気持ちになることができなかっただろう。それはこの会社の社長夫妻を自分の親だと思えたからだ。

社長の商売に対する厳しさはいうまでもない。しかし、一生懸命仕事を覚えていくうちに、難しい仕事も任されるようになった。そして、それをやり遂げた時には、自分のことのように喜んでくれた。

父が将来大きくなりたいと思う気持ちと同様に、いやそれ以上に父を一人前の商売人にするために叱咤激励してくれたのだ。その気持ちを理解できたからこそ、父も厳しさや辛さに耐えることができたのだ。この社長に仕事のイロハを学び、将来に繋がる商売の厳しさと、商魂を叩き込んでもらったのだ。

また社長の奥さんであるお母さんは、彼をそれこそ自分の息子と思い、朝夕の挨拶から靴の脱ぎ方、箸の上げ下げまでを躾てくれた。仕事が深夜に及んだ時には、いつまでも寝ずに起きていてくれ、お腹をすかせた父にごはんを食べさせた。

この第二の両親は父を一人前の商売人、また一人前の大人にすることを第一に考えてくれた。つまり成功者としての精神を教え、それこそ骨身を惜しまず深い愛情を持って育ててくれたのだ。彼は身体中でそれを感じることができただろう。

そんな厳しいが充実した生活を送っていた父であったが、時代は大平洋戦争勃発。父にも召集令状が届き、いよいよ大阪を離れることとなった。

そして、いよいよ出征という時、さっきまで「お国のために立派に戦ってくるんだよ」といっていたこのお母さんが、父にしがみつきながら「ええか、精ちゃん。死んで帰ってきたらあかんで。あんたは絶対に死なへんからな。もし危ない目にあったら私が身がわりになって死ぬからな。必ず生きて元気に帰ってくるんやで。約束やで。忘れたらあかんで」と何度も繰り返しいってくれた。父も感激のあまり「こんなにいってくれるお母さんを悲しませてはいけない」と必ず生きて帰ってくることを心に誓った。

しかし戦地ではあまりに悲惨な現状を目の前に、そんな言葉を思い出す暇はなかった。ある日のこと、父の乗っていた船が沈没し、船員もろとも海へ投げ出されるという事態が起こった。

次々と大海に沈んでいく戦友たち。暗く寒い海の中で「ああ、自分もこれで死ぬんだ」と死を覚悟したその瞬間に、あの時のお母さんの声が耳の奥で確かに聞こえたのだ。しかし彼にはもう体力が残っていない。「お母さん、約束が守れなくてごめんなさい」と心で詫びた。するとその時、目の前に流木が流れてきた。無我夢中でそれに掴まると、嘘のように父の身体を陸に運んでくれた。

これは他人から見れば単なる偶然の出来事かもしれない。しかし、父には生死を分けるその瞬間に死を追いやり、生へと引っぱってくれたお母さんの深い愛情が、その流木を自分の前に運ばせたと感じずにはいられなかった。

このエピソードは何度も何度も繰り返し聞いた。それほど、この第二番目の両親に愛され、そして父もまた愛していたのだろう。

成功への強い信念

丁稚時代は終わり、第二の両親に一人前として認められ、お礼奉公も終えた父は、いよいよ自分自身で商売を始めるに至った。

まず最初に手がけたのは洋品店である。しかし戦後の混乱期の中であり、十分な資金もない父に容易に店舗を構える術はない。でも資金がないのならばスペースはなくても、身体を資本として商売はできると考えた。いわゆる闇市であるが、人から商品を仕入れ、それを買いたいという人に利幅をつけて売る。そして利益を上げる。これはもう立派な商売である。

資金はないが身体を資本として、少しでも安い商品を仕入れるためにあらゆる情報を集め、どんなに遠くても、その商品が売れるとなれば仕入れに歩いた。そして少しでも売れそうな場所を探した。考えるとこれは商売の原理原則である。ここに少年期に培われた商売が活きたのだろう。

しかし、いつしかこの商法に限界を感じるようになる。自分が寝ずに働くのは厭《いと》わないが、自分一人で動いていては一日の利益に限界がある。どうも効率が悪いということに気づくのだ。そこで、店舗を構えて人を呼ぶことを考えた。

仕入れ業者に商品を納入してもらい、お客さまに足を運んでいただく。店番は信用できる店員に任せ、自分は新しく売れそうな商品を探しに出かけるのだ。そうすればその分たくさんの商品が売れる。結局これで父一人が動いていた時の、何倍もの利益を得られたわけだ。ここに第二の両親によって培われた商才を発揮した。こうなれば商売が面白くて仕方がない。

そして次に考えたのは、商品を製造販売するということである。そこで「カトウ洋装店」というメーカーが誕生した。二十三歳のことである。ここで商品を製造し店頭に並べる。売る商品がなくなりかければ、仕入れに歩くことなく、すぐに製造し補充できるというわけだ。

この対応の早さで商品はいつも充実し、お客さまのニーズも的確に摑めるわけである。もちろん他からの情報を得ることも忘れない。売れている商品があると聞けば、それを買いに走り、分解して研究し、それよりもよい商品をつくり出した。そして「カトウ洋装店」は成功をおさめ、二軒目を開店。父は立派な事業家になったのだ。

しかし、この時代の父に経営者としての事業計画があったわけではない。当時はそんな言葉すら知らなかっただろう。父はただ少年時代に体験した世の中の不条理を、嘆き諦めることなく、将来はカネを儲けてお金持ちになってやるという強い信念を貫くために、ただがむしゃらに働いただけである。

いいかえれば早い時期に単純であるが、明確なコンセプトができていたのだ。そしてその目標を達成するために、知らず知らずのうちにマーケティングをし、身体でマニュアルをつくっていた。そして夢は実現し、ここに父のプロデュースが成功したのだ。

信頼関係の素晴らしさ

「カトウ洋装店」の経営は順調に伸び、事業家として成功をおさめた父は、次に新たな事業を展開するために、資金を必要としたので借金をするべく依頼にいった。しかし、いくら事業が成功したといっても、簡単に資金を貸してくれるところはどこにもない。それでも自分の考える新規事業は必ず儲かる、成功すると確信する父には、あきらめることなどできない。どうしてもその資金が必要だったのだ。

そこで巡り合ったのが第三の両親である。大手銀行はいくら頼んでも首を縦に振ってはくれず、街の信用金庫（当時は金貸業といっていたらしい）へ依頼にいった。身体一つで「金を貸してください」と直談判である。もちろん担保も保証人もない。

さらに事業計画などというものもなく、事業が成功する根拠など何一つないのである。現在では考えられない常識を逸脱した行為だ。もちろんそんな父に多額の金を貸してくれるはずもなく、断られる。しかし、父は断られても断られても、決して諦めない。毎朝一番にお願いにいった。そして「私の命を預けます。もちろん借りたお金は返しますが、もし仮に返済ができなければこの命を渡します」といい続けた。

そしてある日のこと、その社長は何もいわずに、父の前にお金を差し出してくれたのだ。父の命がけの借金が受け入れられたのだ。そして事業は大きな成功をおさめた。父にとっては命をかけた事業である。成功する確信があったからこそ、それができたのだろう。

しかし、その事業の成功の裏には、何の保証もない父を信じ、カネを貸してくれたこの社長の恩情があり、その恩に報いるためにも、命がけで頑張ったからこその成功だろう。

その後、やっと借金を返せるだけの利益が出た時、借用書も証文も交わしていないことに気づく。しかし、大体の金利をつけて、この方のところへ返しにいった。誠意を込めたお礼とともに、金利分を渡そうとすると、「そんなもんはいらない」と受け取ってもらえない。

父は「あの時の恩情は生涯忘れるものではありません。どんなことをしてもお返しできるものではないと思っています。でもせめて私の成功を喜んでやるつもりで、これだけは受け取ってください」となかば懇願した。

するとこの社長は「いや実はあの時の金は商売の金ではないんだ。よく考えてもみろ。私も商売で金を貸しているんだよ。お前のように何の保証もないやつに商売として金を貸せるわけがないだろう。実はあれは私個人の金なんだよ。毎日日参するお前を見て女房が、彼なら信用できる。間違いないから貸してやれといったんだ。だからこの金利はいらない。貸した分だけ受け取っておくよ」といった。

父は今さらながらに感謝したが、それでも少しでも受け取ってくれというと、「男と男の約束をお前は守ったんだ。だから私も男として貸した分だけ受け取る。お前を信頼した私に対して誠意という形で応えてくれた。私は金利などよりも大きなものをもらったんだよ」といってくれたのだ。

父は心からその言葉を受け止めたが、「それではどうしても私の気がすみません。どうすればいいのか教えて下さい」とさらに食い下がった。

社長は「それでは私の息子になってくれ。お前のような息子がいると思えば私も女房も嬉しい。これからは親子としての縁を結ぼう。そしてたまには、お前の成長した姿を見せてくれればこんなに幸せなことはない」という。父は当然喜んでそうさせていただいた。これが第三の両親である。

この両親に命がけで事業を成功させることと、信頼関係の大切さを学んだのである。

事業との決別

こうして父は「カトウ洋装店」の成功を皮切りに、ラブホテルの事業を始めた。ここでも大きな成功をおさめ、次々に新しい事業を展開していった。それは通常考えられる事業展開として、同業種、同業態といったこれまでの経験や、ノウハウを活かせる事業ではなく、飲食店や、レコード会社といった全く別の業種のものである。しかし、商売の肝は魂の中に叩き込まれている。業種にとらわれず着実に成功への階段を登っていく父は、次第に世間の評判を得るようになっていった。

一つの事業を行うには大きなエネルギーがいる。それが数種の事業に及べば、そのパワーは凄まじいものである。父も例にもれず、計り知れないパワーを発揮していたのだろう。

今でも語り種になっているのだが、父が売れると思った商品は必ず売れた。彼にはルールがなく、自分が売れると思った商品を売れるところへ売りにいくという発想があるだけだ。人の紹介や難しい手続きなど必要としない。

今考えると無謀だと思えることも平気でやってのけた。アポイントなしでは会えない人や、コンタクトをとらなければ入れないところへも出向いた。社会のルールや商売のルールではなく、自分のルールが父の行動のすべてであったのだ。

しかし、関係者はたまったものではない。早朝であろうが深夜であろうが、いきなりスタッフに「例の件はどうなった」、またお取り引き先さまには「あの商品を買うから今日持ってこい」という具合だ。朝、目が覚めると同時に電話で打ち合わせの段取を組む。相手のスケジュールなどお構いなしである。

睡眠時間は三時間くらい。それも常に仕事のことを考えているのだから、熟睡などしていないだろう。目が覚めた時から眠りにつくまで仕事のことを熟考し、やっと浅い眠りについた途端、突如としていいアイデアが閃くのだろう。そして閃いたと同時に受話器を握っているのである。

また父は異常なくらいの記憶力と洞察力を持っていた。常に三百件以上の電話番号を記憶し、膨大な仕事量をこなし、確実に売れる商品を見抜いてきた。手帳やスケジュール帳など必要ではない。すべて頭の中に入っているのだ。

そんな父だから何事もすべて自分で決定した。スタッフはこんな無茶な社長のもとであるにもかかわらず、骨身を惜しまず働いてくれた。しかしマネジメントの要素については人に任せることを知らず、それこそ人事採用から飲食店の仕入れに至るまで、すべてのことを自分でしようとした。父の発するパワーに勝てる人はおらず、誰よりもエネルギッシュに働いた。これは立身出世をした人にありがちであるが、いわゆる完全なワンマン社長であったのだ。

しかし、そんな父にもいつしか陰りを見せる時がやってきた。病気には勝てなかったのである。糖尿病を患ったことが、身体のあらゆる器官に影響を及ぼした。人間は身体がくたびれると精神状態にも影響を及ぼすものである。父も例にもれず、頭のコンピュータがショートし始めた。

これまでの天才的ともいえる商売の勘が狂いはじめ、売れると思った商品が売れない。それでも納得のできない父はなおも商品を仕入れようとする。しかし一度誤作動を起こしたコンピュータは、なかなか本来の働きをしてくれない。さらに、これまでマネジメントを人に渡さなかったことが災いして、身体の衰弱とともに事業は衰退していったのである。ここに事業家として生きた父が、命を賭けた事業との別れを余儀なくされたのである。

私が今、組織づくりということにこだわるのは、この父の事業家として衰退していった状況を、反面教師としているのかもしれない。常々自分が病に倒れた時には、ああいう状態だけは回避したいという強い念を持っている。マネジメントを人に委ね、組織の形態を基本的なシステムとして、確立させておくというのが企業本来の在り方であり、私の理想とする形態である。

それは父が病に倒れたこの時期に私が衰退していく事業を継ぎ、多くの人に迷惑をかけ、苦汁をなめた経験によるところが大きい。親方のコンピューター一つがショートしただけで、事業が存続できない体制は決してつくりたくない。この強い思いが、現在の私の会社の組織をつくり上げたのかもしれない。

心と心のつながり

こうして父の生きざまを順序立てて辿ってみると、私が子供の頃はただ「恐かった父親」という存在が、我が父ながらつくづく偉大に思えてくる。

人生のターニングポイントで、父にとって大きな力となってくれる方々と出会い、またその方々に誠意で応え、反対に自分が信頼した相手にはとことん尽くし、たくさんの人を育てた。人に教えて貰ったことを自分も、また自分のやり方で伝えていったのだ。

それは生き方として正しく、経営者としても成功だといえる。中でも私が一番尊敬しているのは、まず人の差別をしないことである。父は誰に対しても同じ気持ちや、態度で接していた。自分の損得で人と付き合わないのである。

自分の成功を喜んでくれた三組の両親と同様に、自分が惚れ込み、応援した人の成功を心から喜んだ。それは心と心の繋がりであり、決して打算ではない。人の成功によって自分が利を得ようなどとは考えもしない。いわば心に徳を重ねていたのである。

自分の事業も命がけなら、人の応援もまた命がけである。応援するからには、彼らのすべてを受け入れる。一つの才能を見込んだならば、他のすべてのものの面倒をみるのだ。

自社の社員はもちろんだが、彼らの素質や、一つのことに賭ける真摯な姿勢を評価し、自分が納得すれば誠心誠意で応援した。そのかわりプロの演歌歌手に「もう少しこぶしを利かせろ」や、相撲取りに「足腰が弱い」と手厳しい。

彼らの中には、残念ながら成功せず父の応援も虚しく立ち去った人もいるが、今日成功をおさめた人たちは口を揃えて父への感謝を伝えてくれる。

見込んだ相手には惜しげもなくお金を使うので、最終的には事業家としては失敗かもしれないが、人間としては成功者であり、幸せな人生を歩んだと思える。今日、父の代からお付き合いいただいている方々から、父の話を聞くにつけ、父の大きな生き方を尊敬する。

小さな商売人

今思えば、私は子供の頃からすでに商売をしていた。それは物心がついた時から、月々の決まったおこづかいがなかったことによる。これは母の教育によるもので、お金のありがたさや使い道を知らない子供に、無用な金を持たせるべきではないということだろう。もちろん何も買って貰えなかったわけではない。欲しいものや必要なものがあれば、その理由をいい、正当な理由があれば買って貰えた。

そのかわり同じものでも「みなが持っているから僕も欲しい」とか「今持っているものより新しいものが欲しい」などの理由では母を説得できない。「そんなものは自分で買いなさい」といわれるだけだ。しかし母としては無駄づかいをさせることは、子供のためにならないと知りつつも、そこは子供のこと、何もかも駄目では可哀相だと思ったのだろう。

その結果、私の家にはギャラ制という制度があった。これは家事や父の仕事を手伝うと、その報酬として、内容に見合ったギャラが貰えるのだ。それをコツコツためては欲しいものを買っていた。

このお金では何を買っても母は文句をいわない。私たち兄弟は競い合って、母の雑用や父の用事を手伝ったものだ。こうして手に入れたものは、自分でやりくりして働いたお金で買ったものである。それは当然宝物になり、いつまでも大切に使っていた。この母の教育には今でも感謝している。

小学校を卒業し、中学生になってもこの制度は変わらない。しかし、毎日手伝える量が限られているためギャラは同じだが、自分の欲しいものの価格が上がってくる。どうしたものかと思う毎日であった。

そして中学三年生のある日、友達の家に遊びにいった時のことである。居間に入るとフルーツ消しゴム（当時流行っていた匂いつきの消しゴム）の四色入りのものが山積みになっておいてある。友人のお父さんは輸入業をしており、それは在庫として残っていたものなのだろう。

「おじさん、これどうしたんですか」と聞くと「ああ、それはもう売れ残ってね。おいておいても邪魔だから捨てようと思っているんだよ」というではないか。私はすかさず、「それだったら僕にくれませんか」と聞いてみた。すると「ああいいよ。いつでも持って帰りなさい」といってくれた。私はすぐに家に戻り、庭にあった台車で持ち帰った。

偶然にも商品が手に入った。当然これだけの消しゴムを一人では使いきれない。そこでこれを学校で売ろうと思い立ったのだ。定価は一個二十円。それを四色まとめて買えば七十円という割り引きシステムをつくった。しかし一人では全部を売り切れない。そこで代理店システムを導入した。何人かの仲間にも手伝って貰い、売れれば一個につき十パーセントのマージンを渡すということだ。これは大当たりし、売れに売れた。

しかしついに限界がきた。理由は簡単。消しゴムは何個もいらないというのと、長持ちするということだ。そこで次に発案したのが中古消しゴム買い取りシステムである。それは中古の消しゴムを十円で買い取り、新しいフルーツ消しゴムを売るというシステムである。(このシステムは成功こそしたものの、今でも私の家に段ボールに山のように入った中古消しゴムが残っている)

最初は仲間うちのことだったのが、クラス中にいき渡り、学年へと浸透し、ついには全校で売れ始めたのだ。そうすると政治が必要になってくる。校則にこそないが、学校での商売はもちろん禁止されるだろう。もしこれがばれたら、生活指導の先生からの呼び出しは間違いない。そう思った私はまず中学一年生であった弟に、体育の先生(体育の先生が生活指導を兼ねることが多かった)や、人気のあるマドンナ先生のところへ消しゴムを持っていかせた。

まず先生にあげるというと「もったいない。貰えない」という。そこで、すかさず「じゃあ先生、十円で買って」という。「それならば」と買ってくれるのだ。重要な役割を果たした弟は誇らしい顔で「あの先生が買ってくれたよ」と私のところにやってくる。もちろん、その売り上げは弟のギャラ。これでおとがめはないわけだ。これはいわゆる政治ということになる。

今考えてみても、なかなかの商売センスをしていたと思える。これは幼い頃の母の教育と、父のDNAが私の商売感覚を生んだ結果かもしれない。

事業家への決心

私は父の死によって次代継承を余儀なくされたわけであるが、当時は父の事業を継ぐ気は全くなかった。私は三男坊であり、上のどちらかの兄が継ぐものと思っていたのだ。当時の私は、今とは百八十度違うミュージシャンとしての成功を目指していたのである。

中学生時代にドラムと出会い、その音の素晴らしさに夢中になった私は、独学でレコードから音を拾いドラムを叩き始めた。そして仲間とバンドを組み、練習を重ねていくうちに腕は上達し、高校の頃にはミュージシャンとしてライブハウスで活動していた。もちろん自分に才能があると信じ、音楽にすべての情熱をかけていた。大学に入学した当時も、まだ事業家になるなどという発想はなく、自分はバンドマンとして成功できるという自信があった。しかし、ミュージシャンというのは、自分の好きな音楽ではなかなか金にならない。それでキャバレーのバンドや、演歌のバックバンドをすることもある。これを「バイショウ」という。「商売」の逆でバンドマン用語である。

私は自分の好きな音楽にこそ魅力を感じていたので、「バイショウ」だけは絶対しないと心に誓っていた。自分の才能には自信があり、世間でも評価されていたので、プライドは人一倍高いのである。しかし、バンドマンというのは才能だけで売れるものではなかったのだ。万に一つしか成功しないものに人生は託せない。自分は誰よりも才能があると確信するが、将来を考えると不安でもあったのだ。そしてリスクヘッジとしてイベントプロモーションという仕事を手がけるようになった。

コンサートを始めとするイベントの仕事は順調で、しだいに忙しくなり、スタッフも増えてきた。実績を認められ、業績も着実に伸びていったのだ。考えてみると、この時、私はすでに経営に携わっていたのである。バンドマンとイベントプロモーションという二足の草鞋《わらじ》を履きながら、成功してみせると将来の展望もできていた。

このイベントプロモーション企画では、音楽好きが集まり、趣味で音楽を聞きたいという人が非常に多かったので、基本的にノーギャラである。私の依頼も、例えばコンサートの警備の仕事であれば「音楽を聞きたくないか。コンサートを観《み》にいかないか」というものだった。有名なバンドのコンサートがただで観られるが、そのかわりにといってはなんだが、警備の仕事も少し手伝ってもらうという約束だ。

私が一括してギャラを受け取り、アルバイト代として日当二千円ほど渡す。みなは好きな音楽がただで観られ、おまけにたった二千円とはいえ、ギャラが出るということで喜んで手伝ってくれた。しかし、たまにスタッフからクレームが出ることがある。

警備全般を請け負うわけだから、中にはコンサート会場へは入れず、楽屋口へ配属される人が出てくるのだ。音楽を聞きたい彼らにはスターを真近で見られることに魅力はなく、会場でその音楽を聞きたいのだ。約束が違うという彼らには、ギャラを少しアップしてあげる。それでも三千円も渡せば納得してくれる。今では考えられない人件費の安さである。今、こんな人件費ではどこの会社でも働いてくれないだろう。

とにかく、このイベントプロモーションは、音楽という共通の趣味を通じて成功し、将来は別の分野のイベントへの展開も考えていた。

私に父の事業を継ぐ決心をさせたきっかけは、ある事件が重なり合ったからかもしれない。

私が十八歳の大学生の頃から父は病を患い、いつ命を落としてもおかしくない状態だったので、少し父の事業を手伝うようになった。それまでは父の会社の詳しい事業内容も知らなかったのだが、知れば知るほど、その経営は苦しいものだということがわかってきた。

そんな矢先、そしてちょうど父のコンピュータが狂い出した頃、父が新しいラブホテルをつくった。周囲の強い反対を押しきってつくったため、家族も周囲の誰も協力する者はない。父は入院中にもかかわらず、たった一人で指揮をとるという。いい出したら誰が止めても聞かないことはわかっていた。

しかし、ここで一人でいかせては命にかかわるのだ。見かねた私はしょうがなく手伝い出したのだ。病院とホテルとを一日何往復も車で走った。もちろん経営する者はいない。入院中の父にさせることはできない。私がするしかないのである。いわゆる「はまっていく」パターンである。

そして暮れも押し迫った十二月二十八日、オープンの日を迎えた。この日ばかりは父の行動を止められない。この頃には、もう随分身体も弱り歩くのも辛そうであったが、現場につけば、水を得た魚のように気力を振り絞って大声を上げ、みなを叱咤激励している。私は心配で仕方がなく、何度も「もう病院へ帰りましょう」といってみるが、いうことを聞いてくれない。「親父さんを送り届けたらすぐに戻って滞りなく仕上げますから」ということでやっと車に乗ってくれた。

ところが不運なことに途中、車のエンジンが故障してしまったのだ。携帯電話など持っていない時代である。私は父を一人車中に残し、JAF（ジャフ）を呼びに走った。外は雪が降り積もっている。エンジンが止まり、エアコンの効いていない車中では身体の芯から冷え込んでくる。

父はその頃、父が経営していたラドン温泉があったので、そこで風呂に入ってから帰りたいといい出した。私が慌てて「いや、もう早く帰らないと身体にも悪いし、病院で叱られます。もう帰りましょう」というと、「お前はいつから俺にそんなことがいえるほど偉くなったんだ。俺が風呂へ入るといったら入るんだ」と語気を荒くして怒るので、私にはそれ以上何もいえない。

父を残し、会社まで車を取りに帰った。車を飛ばし、急いで戻ってみると何と入口に救急車が止まっているではないか。驚いた私は救急隊員に父の容態を聞いた。

「大丈夫です。命に別状はありません。低血糖（急速に血糖値が下がる）による発作を起こされたのです。しかし、こんな無謀なことをされては、命がいくらあってももたりませんよ」という。私は安堵で胸をなで下ろした。しかし担架に乗せられ、運ばれていく父の青白い顔を見て「ああ、これは僕が頑張って継いでいくしかないなあ」と思ったのだ。

しかし一方では、この同時期にバンドマンとしても売れており、何本もの、かけもちの仕事をしていたので事業を継ぐことに迷いもあったのだ。私は自分でいうのも何だが、何事に対しても真面目に取り組まないと気がすまない。

特に好きな音楽であればなおのこと、この姿勢はくずせない。夜の八時にメンバーとのリハーサルが始まるとしても、七時頃からスタジオ入りをしていた。きちんとウォーミングアップをしてからリハーサルに臨みたいからだ。

それがある日、寝過ごしてリハーサルに間に合わないという失敗をしてしまったのだ。その頃は、父の事業を手伝い始める時期とも重なったので、毎日の睡眠時間が三時間というハードスケジュールであった。車に乗っていても赤信号の数秒で眠り、後ろの車のクラクションで走り出すというくらい疲れてもいた。しかし、自分に限って絶対に失敗はしない、必ずやり遂げてみせると自信を持っていたのだ。このショックは大きく未だに忘れもしない。

この事件で自分の人生において二つの路線を歩むことは無理だと思い、どちらかに見極めようという思いに至った。自分の趣味嗜好と、父や会社、会社のスタッフのどちらが私を必要としているのかと考えれば、答はおのずと出ていた。そしてバンドマンとしての自分に別れを告げたのである。

この決心は私が自分で納得してできたことである。それを側面で支えてくれたのは母であった。母はある種自然人であり、私にも次代継承をしてくれなどと一切いわなかった。私のしたいように生きるのが私にとって一番いいと考え、何事も強要することはなかったのだ。

私は自分なりに悩み、考えた末、事業を継がざるを得ない状況だと判断し決断したが、この母の教育や思想が私にとって随分心の支えになった。

そして二十一歳になった私は、父の趣味でつくった会社「ローオンレコード」を倒産させた。この決断が、私が事業を継ごうと決心した本当の理由かもしれない。この「ローオンレコード」は父の生き甲斐でもあるのは知っていた。父は利益など関係なく、心からこの「ローオンレコード」を愛していたのである。

しかし、このレコード会社は経営不振が続き、このままでは会社自体が潰れるという危機に陥りそうだったので、厳しい決断をせざるを得なかったのだ。これを決心し、報告した時の父の顔を私は忘れない。

「お前はこの事業を辞めろというのか。それは俺に死ねということか」と尋ねられた。私は断腸の思いで「はい。親父さん、死んでください」といった。

父はそれ以上何もいわなかったが、自分の生き甲斐を失った父の身体は、みるみる悪くなっていった。私が父の寿命を縮めてしまったのだという気持ちが心にある。

これらの状況が重なり合って、やはり自分が責任を持って会社を継ぎ、事業家として生きていこうと決心したのである。

そして、その裏には父を勝利者として送ってあげたいという強い思いがあった。幼い頃から並々ならぬ苦労を重ね、執念で成功を勝ち取った父が、その晩年において事業が失敗に終わるということは、誰よりも辛い事態であったと想像する。私には事業を継承することの不安よりも、父に悔しさの中で人生を終えさせてはならないという、思いのほうが強かったのだ。

私は父を亡くすということは十八歳くらいから覚悟していたので、当時から自分の生き方を考えていた。すなわち早くして父を亡くした時の哀しみや、自分の将来、会社の経営という将来に対する不安の涙は、流すまいと心に誓っていたのだ。

父の最期を迎えるその時、私は私の足でしっかりと立てる大人でいたい、父を安眠させてあげたいと思っていたのだ。父もそれを知ってか知らずか、医師の判断した寿命を過ぎ、私のプロジェクトが成功するまで生きていてくれた。これは私が立派に立つまで待っていてくれたのだろうと信じている。

それは言葉ではなく、父は父らしいやり方で私の事業家としての第一歩を、見届けてくれたのだと今でも感じている。そして父は亡くなり、しかし同時に父の精神が私の魂に入り、いつの時も私自身を叱咤激励してくれるのである。

次代への継承

事業は私へと継承された。しかし驚いたことに父の事業は赤字を抱え、存続するのがギリギリの状態であった。事業の経営となると私は全くの素人同然である。いくらイベントの経営をしていたといっても、事業内容は全く別のもの、しかも動くお金の額が違う。それでも何とかしようと、まず一千万円の月間売り上げを保証する店舗を、三店舗つくることを目標にした。

この根拠はというと、月間三千万円の売り上げがあれば、お取り引き先さまへの支払いやスタッフへの給料、そしてなんとか借金も返していけるのだ。これはドリームワークではない、切羽詰まった目標なのだ。

そして他に迷惑はかけたくない、みなが幸せになれるようにという悲願でもある。この数字だけは、死んでも達成しなければならないと命がけの努力をした。

しかし当時の私は事業経営について何も知らない。会社にはルールもマニュアルも、何もない。マーケティングという言葉すら知らない。企業理念や形態もできていないのだ。事業経営者としての常識など教えてくれる人もいないので、自分で考えるしかなかったのだ。今、考えると周りの人に随分無謀なお願いもしたのだろう。

しかし自分なりに事業を成功させるためには売れるものは何か、またお客さまに喜んで貰えるためにはどのようにすればよいのか、ということを常に考えていた。とにかく「月間売り上げ三千万円」が必要なのだ。

確実なのはこれを達成することだけである。これがもし失敗した時には死のうと腹をくっていた。

そして達成するために死にもの狂いで仕事をしていると、周りの方々からいろんなアドバイスをいただけるようになった。また私の心根を理解して、熱意だけを信用して取り引きしてくださったお取り引き先さまや、寝ずに働いてくれたスタッフたち、そして父の時代からお付き合いしていただいている方々に支えられ、次代継承は成功した。

私が幸せだったのは、この時に私を支えてくれた人たちは、誰一人として損得で物事を決めなかった人たちばかりだということだ。

私が成功すれば、自分も利益が得られるなどという考えではなく、「一生懸命頑張っているから成功させてやりたい」と思ってくれたのだ。もちろん私の意思に賛同できなかった人たちは会社を辞めていった。またサラリーマン的な発想の人は去っていった。

私は若く経営者としても未熟であった。そんな私との関係は利害においては成立しない。ヒトとヒトとの誠意や熱意、また大きな愛情がなければ関係は生じなかっただろう。

父が亡くなり、彼に恩恵を受けようと付き合ってきた人たちは、私との関係を得と思えず去っていった。これは淋しいことではあったが、これもまたヒトの真理であると勉強した。反対に父を亡くした私に、以前と変わらず、また以前よりも増して私の熱意を評価し、愛情を持って付き合ってくれた方々とは、もちろん現在もお付き合いさせていただいている。

九時から五時まで働き、これだけの仕事で月給はいくら、という雇用体制もわからず、ただ「協力してください」と私自身もがむしゃらに働いた。

「社長がそういうのならば」と、文句もいわず残業を買って出てくれたスタッフたち。この人たちとは今でもメンタルな部分で深く繋がっている。当時のスタッフには、現在も会社の中心として残ってくれているメンバーがいる。

彼らの心根に対して成功をもって応えられたことが、何よりの幸せに思っており、彼らもまた人間として成功してくれることを願う毎日である。

事業が成功するために、今、自分は何をするべきかということを理論やルールではなく、その精神の奥底で理解していたのだ。その結果は当然成功し、新たな事業へと発展していった。それは荒削りではあったが、今、筋道を立てて考えてみると、成功するための原理原則を心で理解していたことに気づいた。

この当時に身体で体験してきたことを、理論立てたものが現在の私の事業の基盤となり、会社の経営理念に繋がるのだ。

プロデュース事業との出会い

弱冠二十二歳で経営者となり、周囲の人の多大な協力を得て、プロデュースしたレジャーホテル事業は成功し、利益を上げることができたが、何軒かのホテルをつくると限界を感じるようになった。

もちろんお客さまに喜んでもらえる、よりよい商品を開発するというサービスの精神は追求していくもので限界はない。この限界とは確かに現在の店舗は流行り、売り上げも順調である。しかし果たして将来、継続して伸び続けるのだろうかということに疑問を感じ始めたのだ。

ホテル事業というのは、サービスの精神が最も重要だというのは、今さらここでいうまでもない。これを利潤という観点で捉えると時間を売る商売なのだ。確かにプロデュースは成功し、ホテルは連日満室になる。しかし客単価がある程度決まっており、何より時間に限りがある以上、利益には限界があるのだ。

例えばそれが、高級クラブやバーになると、同じ時間を売るとしても客単価が全く違い、売り上げに限界がない。またクラブディスコならキャパシティがあれば客数を獲得できる。客単価は低いが、収容人数にあまり限りがないのである。

このようにホテルに限界を感じた私は、他の業態にチャレンジしようと思った理由が三つあった。

一つはキャパシティのないビジネスについて、二つ目は他の業態で働く素晴らしい人材の獲得、そして三つ目は最新の商業施設をつくり出すクリエイターたちと巡り合うことによって、何かを掴み、今後に活かそうと考えたからだ。

そして、この同じ時期に勉強したことはレストラン事業である。これまでホテル事業というのは投資額が非常に大きく、原価意識も大雑把であった。外食産業でいっせいを風靡したファミリーレストランのノウハウを勉強することによって、マニュアルやシステム、原価意識をホテル事業の大きな投資額にもおきかえ、細かな計数管理ができるようになったのが大きな成果となった。これらのものは、現在の私のヒット作品である様々な事業での展開に活かされている。

次にナイトレジャー事業という他業種への展開を始めた。二十四歳の時、大阪ミナミの一等地に立つホテル内のディスコをプロデュースすることになる。これは業種こそ違うが、レジャー産業という大きな枠組みの中ではホテル事業と同業態である。これまでの自社の事業で培ってきたノウハウを十分に発揮した。

そして従来のクラブディスコと差別化させるべく、インテリアデザインや、施設、設備などハードの部分をより充実させた。またスタッフも、レストランやおしゃれなバーで働いていた新しい人材を採用し、ソフトの充実もはかった。

この時に初めて他資本の事業をプロデュースする立場に立ったのだ。これまで私はオーナーとして様々なプロデューサーと仕事をしてきたが、信頼できる人は少なかった。事業が仮に失敗すれば、オーナーである私は自社の存続にかかわると思い命がけで取り組んでいる。

しかし、プロデューサーにとっては自分の腹は痛まず、「人のふんどしで相撲を取るということは楽なものだろう」と思ったことが一度ではない。なるほど一見彼らのいうことは、説得力があるが真実味がないのだ。これは私がオーナーでもあることが幸いしたのだろう。他資本のものに対してもオーナーと同じ気持ちで流行ること、成功することを命がけで取り組む姿勢は変わらない。もちろん結果は成功した。

プロデューサーとしても、まず考えなければならないのは、一つのプロジェクトが決定した時に、これで成功するのかどうかということである。つまりクライアントと同じ気持ち、いやそれ以上の強い信念を持たなければならない。他資本の、要するに人のカネを預かるのだ。人のふんどしで相撲を取るという発想ではプロデューサーの資格はない。

根拠のない斬新なアイデアや、曖昧なコンセプトなど必要はないのだ。成功するために検討に検討を重ねた結果、万に一つでも失敗の可能性があり、成功を確信できなければノーという判断を下すべきだ。

成功すること、クライアントに儲けさせることを第一に考えるのが、プロデューサーの使命なのだ。

これが私が経営者として自社の経営、そしてプロデュース事業という仕事の経験から自然発生的に出した結論である、

心根のお付き合い

私はこれまで様々なクライアントの方々とお付き合いさせていただいた。その中にはオーナー経営の方もいるし、大手企業という組織の一員である方もいる。私にとって幸せだったことは彼らの中に、たくさんの成功者がいたことだ。みな私を信頼し、私の事業を応援してくれた。

オーナー経営者は私の失敗が、即、自分の失敗に繋がるし、企業の一員である方でも、組織の中での立場がある以上、もし私の事業が失敗すれば、自分がすべての責任を負わなければいけないということなど意に介さず、信頼感だけで協力、応援してくれたのだ。

あるクライアントは一つのプロジェクトを展開する時、私のプレゼンテーションの段階で、事業内容や事業収支計画、またシステムなどを熱弁しても、そんなことは一切問題ではないとでもいうように、最後に「これはいけるのか」と聞くだけである。そしてもちろん「絶対いけます」と力強く答えると、「よし、加藤さんがそういうのなら大丈夫だろう。やってみろ」といってくれる。

私という人間のエネルギーを感じ、信頼し、「加藤に事業をさせてあげよう」と思ってくれたのだ。そんな人たちに対して、私は失敗するわけにはいかない。彼らの心を裏切ることはできないのである。

成功を確信するからこそ、事業を始める価値があるという信念が、より強固なものになり、成功をもって彼らの信頼に応えようと思う。

彼らが「もし失敗したら彼を信用した自分に責任がある」と思う気持ちの何倍も、私には「失敗の原因はすべて私の責任だ」と腹をくくっている。

このようにプロデュースとは、クライアントとプロデューサーの双方が固い信頼関係で結ばれることであり、これが成功への最短距離なのだ。クライアントはプロデューサーを信頼し、すべてを任せる。そしてプロデューサーはその信頼に応えるべく、命がけで成功させる。自分の誠意を成功という形で表現するのだ。それが私の理論であり手法である。

それは人間関係におきかえても同じことがいえる。事業においては社会構造の中で常に大きいものが、より大きな力を持つ。また国家から発信される政治政策や、世界の経済が物事の基盤になる。私もマーケティングをする上で、社会の不思議を感じることがある。確かに、ある意味においては正しい物事の判断基準にはなるだろう。しかし、それがすべてであるという発想を持つべきではない。

社会の常識や体制にしたがっていればよいのではなく、自分自身から発信される、いわば心の奥底から溢れ出る判断基準で正しいか、正しくないかを見極めることが大切なのだ。

そして正しいと判断したものには自分の判断を信じ、とことんヒトを信頼することだ。事業はヒトが創るのであれば、このヒトとヒトとの信頼関係が最も大切な成功の要素となる。

信頼した相手、また信頼してくれた相手には必ず誠意を持って応えることだ。誠意は必ずヒトに通じるものだ。誠意を持って接した相手は、必ず誠意で返してくれる。反対もまたしかりである。

時には信用していた相手に、裏切られることがあるかもしれない。しかし、それは自分の判断の誤りであると反省材料にすることだ。誠意を尽くしたことは、必ず自分の徳となり成長への材料となるはずだ。

世の中を取り巻くあらゆるものについて、最終的にはヒトのメンタルな部分が作用する。信頼関係というヒトの心根が人間の成長を築き、ヒトとしての成功に繋がるのだ。これが成功への最も重要な原理原則となる。

成功はヒトが創る

会社を経営していく上では、社内のスタッフとの信頼関係が必要だ。私の会社が今日あるのは、現在に至るまでの数えきれないスタッフの情熱と精神の賜である。彼らが私を後ろで支え、協力してくれたからこそ、今日の会社があるのだ。

事業家として歩き出した頃から今日に至るまでには、数えきれないくらいのスタッフに巡り合った。そんな中でも私にとって忘れられない彼らとの思い出がある。あるスタッフはタイムカードを見ても、出社時刻も退社時刻も真っ白でわからない。

「君、これは一体どうしたんだ」と聞けば、「あっ、すいません。うっかり忘れてしまうんです。これから気をつけます」という。

彼がきちんとタイムカードを押していたら、きっと残業手当ては給料を遙かにこえていただろう。しかし彼は就業時刻のことなど考えず、ただ忙しい仕事のことだけを考えて働いてくれたのだ。

またシャツは汚れ、ズボンの折り目もないほどくたびれた格好をしているスタッフに「君、うちの会社はサービス業なんだよ。そんなだらしない服装をしていてはお客さまに失礼じゃないか」と注意したのだが、後で聞けば急な仕事が入ったため、もう何日も家に帰っていなかったという。

女性スタッフには残業や、徹夜になるような仕事ができるだけないように配慮するのだが、「社長、時間なんか関係ありません。女性だからといって特別扱いしないでください」と反対に叱られたこともある。

彼らはもはや自分の欲得ではなく、自分の任された仕事を成功させるために、それが会社の成功に繋がると信じ、心からその仕事に情熱を捧げてくれたのだ。

このような素晴らしいスタッフに恵まれなければ、会社の今日はない。私自身、彼らの真摯な姿勢に教えられ、何度助けられたことだろう。人には相思相愛という関係が必ず成立すると私は考える。彼らが会社を思い、私を思ってくれるのと同じように、私もまた彼らを思っている。彼らがいたからこそ頑張ることができ、彼らを成功させてやるんだという強い信念に至ったのだと思えるのである。

父は私にたくさんの精神的な財産を遺してくれた。そんな中でも、私が心から幸せだと思えるのは、父が亡くなってからも、父の言葉を聞くことができるということである。それは父の代からお付き合いさせていただいている方たちから父の話を聞くと、それを父の声として受け止めることができるということだ。

以前ある人とお会いすると、「お前のお父さんに生前、こんなことをいわれてなあ。当時あることで悩んでいたんだが、それが随分参考になったよ。あの時、お父さんのアドバイスがなかったら、今の私はないと思うよ」などといってくれたことがある。

私はただご挨拶に伺うつもりだったのだが、その時事業のことで悩んでいたのである。それを察知したのか、父の声として聞かせてくれたのだ。今考えてみると、その人は私に納得させるために自分の思いを、父の言葉として聞かせてあげようという配慮をしてくれたのかもしれない。

また「お前のお父さんには世話になったんだ。私が今日あるのもお父さんのおかげだよ」、「事業はうまくいっているのか。何か困ったことがあったらいつでもいってくるんだぞ」といってくれる人がいる。実際に借金を申し込んだり、保証人を頼んだりすることはないが、私にはそれよりも、もっと大きな心の支えとなっている。

また事業を行う上では、お取り引き先さまとの関係も欠かすことはできない。私の会社のお取り引き先さまには利害だけではなく、心から応援し協力していただいている。ただモノを売るという発想ではなく、自社の事業の一貫というように思ってくれているのを実感し、感謝する毎日である。お取り引き先さまの中には「加藤さんのところのレストランへいったけど、こうだったよ」とお叱りをいただくこともある。

少しでも私の事業がよくなるように、あえて苦言を呈してくれるのだ。渦中にいれば気づかないことも、他からの心ある指摘によって修正できるのだ。

このように、私や私の会社を支えてくれる人たちとの信頼関係が事業を成功させ、会社を発展させたと考える。彼らの誠意が私を支え、私もまた誠意を持って応えるために、連日の激務にも辛さを感じず頑張ることができたのだ。

組織の発展へ

父から私へと次代継承された当初は、先にも述べたように、月間売り上げ三千万円というのを一つの目標にした。これは自社の利益というよりも、他に迷惑をかけないための悲願でもあったのだ。この数字だけは死んでも達成しなければならないと、死にもの狂いで頑張った結果、達成することができた。

二十二歳の頃である。その時ある人に「加藤さん、貴方の生涯年商は」と聞かれた。私は「三十億円です」と答えていた。自分の生涯を事業に捧げ、男として一生懸命頑張れば、何とかできるだろうという発想だけで口にしたのだ。

当時は年商三億円。三十億円という数字に実感はなく、そのための具体的な計画をしていたわけではない。それが嘘のようだが二十代後半で達成できた。そして現在では年商百億円という数字を達成できるというまでに至ったのだ。

これは事業を始めた当初の、私にとっては夢のまた夢であり、想像もしない現状である。

これは私一人でできた仕事ではない。過去を振り返ってみても一人では何も達成できず、やはりチームで頑張り、みなの気持ちや成功させる意識が、今日の数字にあらわれているのだ。事業の拡大と新しい目標に対しては、その時々に素晴らしい人たちとの出会いがあり、みなで気持ちを一つにして頑張ってきたのである。

当初私の事業は、近畿圏を拠点とした展開しか考えなかった。そこで全国の様々なメンバーとの出会いによってフィールドを広げ、マーケットは全国に広がった。

また他業種の中でも、私と心根が同じスペシャリストたちとの出会いによって、新規事業にチャレンジできた。業種が異なっても成功への原理原則が同じなので、基本となる心根が共通していれば、様々な業態を改革し広げていけるのだ。資金についても常に新しいアイデアや、経営システムをつくり出せるので、事業は拡大していくのである。

ここで大切なのはお互いがパートナーシップのもとに、共存共栄していくという考え方である。自分の我欲だけではいいパートナーシップは結べない。お互いの信頼関係をもとに、双方がともに発展していくという発想でなければならない。これが現在の私のプロデュース業の根底にあり、パートナーシップのプロデュースシステムの基本理念である。

このように、多くのパートナーが志を一つにして、成功への夢を歩み続けた結果が、今日の会社である。これは私の我欲では到底達成できず、チームの夢と希望を達成するという欲求が、計り知れないエネルギーを創り出したものであると確信する。

その彼らにさらなる発展と飛躍をしてもらいたいと切に願い、彼らが私に夢を託してくれたように、私もまた託す経営を一つの目標においた。信頼できるパートナーたちの一人ひとりが事業家であり、経営の感覚を持って存在できれば、組織としてこんなに力強いものはない。コングロマリット組織や、アメーバ組織のようにお互いの力が他の力を引き出し、協力することによって強固な組織を創っていきたいということを大きく夢に描いている。

私はまだ発展途上である。しかし、今日までの大小様々な経験の中から成功だと実感できるものに出会った。その時の喜びは何ものにもかえがたい私の財産である。そしてそれをみなで分かち合い、みなに同じ喜びを感じてもらいたいというのが私の願いであり、託す経営を目指すゆえんなのだ。

みなが自分の決めた目標に到達し、自分なりの成功を勝ち取ってくれるのが、私にとっての真実の喜びなのだ。

附章　成功への提言・10項

1　バランスコントロール経営

一つの優れた要素を武器に成り立つワンマンコントロール経営の時代は過ぎ、一定のボーダーラインを充足させたバランスコントロール経営となる。

モノが充足されていない時代であれば、一つの優れた要素があれば、それだけである程度の事業が成り立った。例えば、ワンマン経営者、営業力、企画力、技術、人材。また資金や資産、画期的な商品の開発など、事業を取り巻くあらゆる要素の中から一つだけでも、他を圧するくらいに優れていれば、それは力強い能力となり、健全な事業経営の要因となった。また、十分成功し得る条件となったのである。実際成功してきた企業もあるだろう。

しかし一つの要素に頼りきって多少の利益を生んだことで、事業そのものの成功とみなし、他の努力をしなかった企業は、現在衰退への道を歩んでいる。

今日のめまぐるしく変換していく経済や産業、そして社会情勢の動向を考えると、優れた要素とは、あくまでも全体の中の一つの要素にすぎないのだ。

企業として勝ち残っていくためには、もちろん得意であるところの要素が、重きをなすこともあるだろう。しかし、経営活動とは、一つの要素で成り立つものではないということを忘れてはならない。他が補ってくれるからといって、マイナスがゼロになるものではなく、ましてやプラスには決してならない。

あくまでもおのおのの要素があい重なって切磋琢磨しながら、一つの企業を創り上げていくのだ。要するに経営活動を取り巻くすべての要素において、高い能力を持つことが必須条件となるのだ。

健全な経営活動をしていく上では、すべての要素が一定のラインの能力を充足させた上で、成り立っていなければいけないのだ。資金しかり、商品しかり、人材もまたしかり。

それぞれが質の高さを追い求め、試行錯誤を繰り返すことによってお互いを引き上げ、全体の能力がより高くなるものなのだ。

ヒトにもまた同じことがいえる。自分の持つ一つの優れた能力を活かしながらも、決してそれに甘んじることなく、他の要素についての努力を怠ってはならない。自分が任されている仕事やプロジェクトについては、当然精通していなければならないが、それだけでは完全とはいえない。

優れた能力と惜しみない努力、時代を読む目、会社の経営方針、そして忘れてはならないのは、成功するという信念と高い意識、要するに精神的な強さを持つことだ。それらすべてのバランスのとれた人が、成功を勝ち取ることができるのだ。

経営を取り巻くそれぞれの安定した高い能力が他の能力を引き出し、バランスをコントロールすることによって、より強い企業へと発展していけるのだ。

2 ボーダレス社会

社会にはルールが必要である。しかし社会構造の変革にともない、そのルールも変化する。ボーダーのない時代において、過去のルールに縛られていては勝ち残れない。

情報通信の発達と日本企業のグローバル化により、世界の経済や企業活動における国境の壁が低くなった。今日では国境を始め、業種、業態ばかりか時間、組織、人材、仕事、性別に至るまで、その線引きが曖昧になり、はっきりした境界のない社会ができ上がったといえる。いわゆるボーダレス時代の本格的な到来ということだ。

二十一世紀の日本を支える産業を展望してみると、現存の鉄鋼、造船、家電、自動車といった大型で輪郭がはっきりした産業にかわって、既存の革新、産業相互の融合や組み合わせによって、新しい産業が形成されていくだろう。

このように日本、あるいは世界経済の目まぐるしい動向、それにともなう生活者の意識の変化、多様化する顧客ニーズなど、現代産業を取り巻く様々な環境は、社会構造の変革により大きく様変わりし、今後さらに変化していくに違いない。そんな時代を勝ち残っていくためには、当然それらの変化に適応できる、時代に応じた新しい環境を創っていくことが必要だ。数年前に新しいとみなされた環境で安心していては、もはや時代についていけないのだ。

いつの時代にも社会生活においてのルールは必要である。その時代に生きるヒト、モノ、カネすべてにおいてのルールはあるべきだ。過去においても、その時代に適したルールがあっただろう。それはボーダーのない現代においても同じである。しかし、過去のルールがそのまま現代に適応するとは思えない。

過去、高度成長を果たすために取り入れられた様々なルールは、今日の新しい環境に適さないばかりか、この厳しい社会情勢の中で、日本の産業や企業が生き残っていくための競争力や、国民生活の向上への障害とさえなりかねない。日本の産業を根本から立て直すためには、過去のルールはすべて一から見直すくらいの大胆さも必要だ。

著しく移りゆく社会状況の変化を逸速《いちはや》く察知し、新しい環境を創り、またそれにしたがって新しいルールを創る必要があるのだ。もちろん日本の基本的ルールというべき法律や、規制というものについては、政治家、官僚たちの意識変革も必要であり、これからの日本には、守ることのルールではなく、勝つことのルールの整備が求められる。

不況、不況と叫びながらも、いっこうに立ち直ることのできない日本、様々な問題を抱えながらも変転を続ける現代産業と、その中におけるあらゆる業種、業態。二十一世紀という新たな時代を繁栄させるためには、社会構造の変革にともなう新しい環境創り、またそれに応じたルールを的確にとらえたモノが次の時代に勝ち残るのだ。

3　全産業はサービス業である

収益を上げるという経営活動をしている全産業はサービス業であると同時に、経営活動それ自体がサービスを売る事業であると考える。

日本の経済を支える産業は今後、ほとんどがサービス業だと考えなければならない。従来はそれぞれの業種が、それぞれの体系でモノを提供してきた。それはモノを提供することによって収益を上げるという在り方である。モノが充足していない時代であれば、その単純な利害関係だけで、消費者は納得していたかもしれない。

しかし経済の活性化とともに市場が拡大したことにより、モノが溢れ、生活が豊かになった現在の日本では個人の生活重視、心の豊かさを求めるという考え方が固まりつつある。現在、不況といえどもまだまだ豊かであり、お金を出せば何でも手に入る日本において、モノよりも生活の中での、精神的な充足を生活者は求め出したのだ。

今日では社会の発展とともに顧客の訴求も質、量、価格といった従来の価値基準では計れなくなっており、その中で、多様化するニーズに応えるような業態も、次々と誕生しているものの、ある面ではすでに飽和状態であるといえる。創造され、提供されるものが多岐に渡り、逆に顧客側からいえば、何を選ぶかということすら大変になってきているのである。

時代の状況に応じたニーズを知ることは、それほど難しいことではないが、企業側にとってはそれにできるだけ早く、しかも安定したサービスを続けながら、的確な業態開発で対応し続けることは困難な仕事である。しかし、それを実行できなければ将来の展望は望めない。

昨今の実情のようにモノを安く提供するのも、サービスの一要素である。また一人ひとりの顧客を徹底的に楽しませる、心を豊かにさせるという考え方、それに基づいた商品、さらに人間的なサービスの開発については日本はレベルが高いといえよう。

しかし人間的なサービスとはそれがいかにシステム化され、マニュアル化されたとしても人間の人間による、人間への思いやりであり心づかいである。システムが多様化されいかに複雑に発展しようとも、その中枢になくてはならないのが、本物のサービスマインドなのだ。

収益を上げるという経営活動をしている全産業がサービス業であり、同時に経営活動それ自体が、サービスを売る事業であるといっても過言ではない。サービス業であると考えるならば企業の性質上、企業が利潤を得ることを追求するならば、それはお客さまの喜びと比例するものである。利益追求する上においての活動を経営とするならば、それがずばり社会全体の貢献にも繋げていかなければならない。

すべての人に心あるがごとく、すべての事業に心のともなったサービスマインドが必要なのである。

4　デジタル化とアナログ思考

デジタル化によりあらゆるものの効率が高くなった。しかし、このデジタル化が進めば進むほど、人間的なアナログ思考が必要となる。

かつてパーソナルコンピュータ革命は、人々の生活に大きな影響を与え、私たちを想像もしなかった世界に導いた。そして今、さらに大きな革命が起ころうとしている。

現在、世界には一千万台以上のコンピュータがある。それはパソコン産業、つまり、進化し続けるハードウエアやビジネスアプリケーション、オンラインシステム、インターネット、電子メール、マルチメディアといったものを創造し、発展させた。

二十一世紀の情報通信市場について、郵政省では二〇一〇年に百二十三兆円と拡大、国内生産額の五・七パーセントに相当すると推定され、それにともない二百四十万人の雇用が見込まれると予測されている。このように、この革命はさらに多くの人々の生活に影響を与え、以前にも増して加速度的に新時代へと導くだろう。

中でも最も大きく変化するのはコミュニケーションの方法だろう。すべてのコミュニケーションが、一つに融合して人間とコミュニケートする時代、人間のためにコミュニケートする時代である。新たなアプリケーション、つまり現在では予測もできないニーズに合うような新しいツールとなるだろう。使う機器も単に携帯に便利なマシンや、買い物に役立つマシンというものではなく、メディア化された新生活のパスポートになるはずである。

情報ツールはユーザーの知性を強化するシンボリックな媒体となる。現代のビジネスは意思決定の方法と、知識の量に依存する部分が多いため、その重要性はますます高まるだろう。どんな文書も文字の集まりとして表現できる。

こうした情報機器により、あらゆる種類の情報を、デジタルな形式で表現できるようになるだろう。どんな情報も辞書で調べる必要もなく、キーボードを叩けば瞬時に答を知ることができる。人間の手を借りることなく、機械がすべてを効率よく進めてくれるのだ。

今後、このようにすべての情報を賄えるマルチメディアにより、消滅に追い込まれる業種や産業も出てくるだろう。まず新聞、雑誌などマスコミの在り方が変わるだろうし、人間の基本的な考え方や情報が開示される時、政治までも大きく変わってくるだろう。

まさにデジタル化の時代だ。しかし、この追求が続けば、その背中合わせに人間にしかできないことがあると気づくだろう。デジタルという機械に対して、人間的なアナログの素晴らしさを感じるのである。つまり先端技術であるハイテクニカルと、それによって必要性が見直された、人間的な触れ合いであるハイタッチの双方を求めるのだ。どちらを選ぶかではなく、共存共栄させることである。

機械のおかげで便利になり、手間が省けるというだけでなく、新しいテクノロジーの刺激により新たな創造をもたらす。新しい道具と一緒に育った新しい世代がそれを変革し、人間的なものに近づいていくだろう。コンピュータに左右されるのではなく、自然に生活の一部として使いこなせることができた時、マルチメディアというデジタルは、人間にとって素晴らしい道具となるだろう。

5　ソフトとハード

事業におけるソフトとハードは表裏一体のものである。ハードが確立されなければ健全な事業はできない。そしてハードを生かすも殺すもソフトいかんである。

事業とは一定の目的と計画に基づいて経営する経済活動である。また事業を行う上では、その活動において様々な要素が複雑に絡まり合い、刺激し合いながら創り上げていくものだ。コンセプトからマーケティング、プランニング、そしてオペレーションという、ソフトからハードの部分に至るまで、すべての要素のもとに成り立つものである。

研究、企画、設計、製造、販売、サービス、宣伝という一連の仕事の中でも、優れた事業をするためには、新しい知識はもちろん、それにともなう技術、また経験により蓄積されたノウハウが必要となる。

環境、組織、商品、システムといった要素をハードとするならば、それに対して社員、オペレーション、サービスなどソフトの部分が、表裏一体となって互いの能力を活かし合いながら事業を推進していくのだ。

中でも人的な部分でのサービスは、いうまでもなく大切な要素である。いくら立派な会社や商業施設を創り、優れた商品を開発しても、そこで働く人々の心からのサービスやオペレーション、販売力といったソフトの部分がおざなりにされているならば、事業の成功には繋がらない。反対にそれらソフトの部分を活用してくれるハードが確立されていなければ、同じ結果となる。

事業におけるソフトとハードとは、人の身体による右脳と左脳、背中合わせにあるものだ。その意味合いは非常に難しく、一方をどのように設定するかによって、もう一方が決まってくるというものだ。どちらかが優れていても、もう一方が劣っていれば、事業としての成功には結びつかない。

事業を行う上での目標をハードとすれば、それはあくまでも高く、対してその視点であるソフトは、あくまでも組織の中の個人によるところが大きい。核（ハード）となるものは揺るぎないものであるが、その表現方法（ソフト）については個人の努力による。

健全な事業を行う上では、収益を上げなければならないのだから、仕事に取り組むという心構え（ソフト）と、実際の行動（ハード）も忘れてはならない要素である。先にも述べたがサービスとは、事業を行う上での一つの義務であり、終わりのないものである。

立派な商業施設を創り、いい商品を開発し、効率の高いシステムができれば、あとはそれを最大限に活かすことだ。ハードを生かすも、殺すもソフトいかんということだ。そして何よりもまず、顧客の喜びを自分の喜びとし、常に顧客の立場に立ったサービスに従事したい。真の事業はそこから芽生えるのだ。

6　都市と自然

都市の近代化は経済の発展の象徴である。自然とはヒトの心の豊かさのよりどころである。そして都市と自然がうまく調和された時、そこには文化が生まれる。

戦後五十年、日本はあらゆる労力を総動員し、世界に並び、アメリカに追いつけ追い越せで、経済は著しい高度成長を遂げ、近代化に向けて躍進したことはいうまでもない。今日の日本では、東京を始めとする主要都市での発展において、世界でも有数の大成功をおさめたのは周知の通りだ。近代化はまさに経済発展の象徴といえる。

産業の発展とともに近代化された都市は交通整備がなされ、商業施設が立ち並ぶことによってヒトも集まる。ヒトが集まるということは経済が活性化する。この繰り返しが経済発展の構造だ。しかし、急速に発展し、留まるところを知らない経済成長に思わぬ落とし穴があった。無理な経済の発展は、ただ土地の上に建物を建て、収益を上げる。そして収益が上がらなければ簡単に壊して、また新しいものを建てる、あるいは違う業種、業態にかえるというようなことを平然とやってのけた。そのために広大な土地を開発し、莫大な資金を投資したのだ。

スクラップ&ビルドの経営手法や土木・建築ありきの政治政策で自然を無視し、破壊し続けたのだ。その土地や地域の歴史や、文化がないがしろにされた。そして今日、世界中で自然破壊や地球環境保全が叫ばれている中で、自然というものの大切さに気づいたのである。

現在、不況といえども、まだまだ豊かな日本。モノが充足されている今日、生活者は心の豊かさを求め出した。自然の大切さに気づき、ゆとり豊かな生活を追い求め出したのだ。企業家たちも、自然を大切に地域社会と共存共栄し、活性化に貢献するという姿勢で、緑美しい学研都市などが各地にできていった。

しかし事業であるのだから、利益を生み出さなければ成功とはいえない。美しい街づくり、空間づくりをするだけでは経済の発展はない。その地域の持つ特性を読み込んだ上での事業展開が必要なのだ。

その地域が持つ文化、歴史、そして周囲の細やかなエリアマーケティングに基づいて、いかに遊びの提案ができるかを考え、一般大衆に受け入れられる魅力ある空間づくりを目指さなければならない。

利益を生み出してこそ、結果として地域社会にも貢献し、街の活性化にも繋がるのだ。内容の濃い、バランスのとれた事業性によって、生活も潤い、さらに経済も発展するのである。都市の中での自然、自然を生かした環境づくりを根底に、調和のとれた過ごしやすい空間を提供できる事業を行えば、そこにはおのずとヒトが集まり、文化が生まれるのだ。

7　コンセプトはディティールまで

市場性は細かなセンスに気づくような「ヒト」に変革している。事業においてもコンセプトがディティールにまでより細やかに表現された時、感動を呼ぶ。

いうまでもないが、事業というものは一人ではできない。仕事を進めていく上では一つの意思のもとに、数人の人間が心を通わせて始めて成り立つものである。その複数の人間に事業のプラン自体を早く理解させるためにコンセプトがある。

コンセプトとは、事業における様々な要素を盛り込んだ上で、その結晶として生み出される事業の核ともいえるものだ。正しい理念を根底に構築しなければ、その事業は中途半端なものとなってしまう。事業の成功は明確な、コンセプトなくしては生まれないといっても過言ではない。

市場性や顧客ニーズについてのあらゆる情報を取捨選択し、再構築するという行為を繰り返す中で、既成概念にとらわれず、新しい発想によって生まれた考え方であるべきだ。また、その裏には常にグローバルな視野を持ち、本質を見抜く目が必要である。

しかしコンセプトが決まったといっても、それはあくまでも、事業プランの核が決まったにすぎないということを理解しておく必要がある。確かにコンセプトワークは大変な作業で、掘り下げた現状把握とトレンドの確認はもちろん、事業性の検討と実現への戦略までをも、提示するものでなければならない。思いつきや経験からの勘ではなく、もちろん上辺のきれいごとでもない。

現在、いかなる事業を展開するにしても、商圏的には完全に重複するケースがほとんどである。その中で勝ち残るためには、新しい切り口により顧客ニーズに応える必要がある。顧客に心から望まれるコンセプトづくり、また、これは絶対成功するというところまで確信の持てるものに習熟させることが肝要だ。それは何も奇抜な発想によるものではなく、基本となる考え方のもとに、その表現方法に独創性が求められるのだ。

今日、市場性は細やかなセンスに気づくようなヒトに変革している。優しい心配り、細やかなセンス、いき届いたサービスに人々は感動する。いわばヒトのつくる細やかなサービスにヒトは感動するのだ。事業を行うのにみせかけの手法や、戦略では成功には繫がらない。感動がなければ成功はないといっても過言ではない。

コンセプトが、そのディティールにまで細やかに表現され、確実にコンセプトを核とした運営がなされた時、心から顧客の満足する事業展開ができ、そのコンセプトは必ず成功する。

8　いかがわしさの重要性

人間社会における男と女の関係が発展することで文化や経済が活性化する。事業においても「イロ」の要素を抜きに流行る業態は創れない。「イロ」、そして少しのいかがわしさこそ重要である。

現在、市場は文化、エンターテインメント、健康、教育といった、どちらかといえばこれまでおざなりにされてきた、心の豊かさに対する欲求が日本人の心を占めている。モノが充足されている現代において、顧客ニーズはモノを買うことよりもゆとり、楽しみといった心を豊かにするためのサービスを求めている。

事業においても楽しさや、遊びといったところに重点をおいた業種、業態を開発していかなければ、商業施設は流行らず事業としての成功は難しい。

心の豊かさは人間にとって最も重視すべき要素である。そして人間社会を構成する基本が、男と女ということだ。男と女の関係によって心が豊かになり、これまでも文化や経済が発展してきたのだ。

日本が世界に誇る文化である文楽や、歌舞伎の代表的な演目である近松もの、明治時代の遊廓などでもわかるように、男と女の関係が文化を創り、流行を創ってきた。そしてそこにおのずとヒトが集まり経済が発展していったのだ。

男と女の関係とは恋愛や結婚ということではない。女性の集まる場所は流行るとよくいわれるように、女性客が男性客を呼ぶからだ。人間社会が男と女で構成されている以上、当然ともいえる法則である。

現在においてもあらゆる業種、業態、ほとんどの商業施設が男と女の要素抜きには成り立たない。

昨今では社会貢献や地球環境保全といった、素晴らしいスローガンを掲げている企業がよくあるが、確かにその精神は素晴らしい。しかし男と女にとって魅力のある施設づくりをしなければヒトは集まらず、経済も発展しない。活性化がなければ、社会貢献などできるわけもないのだ。

また事業においても男女の関係である色気、いわゆるイロの部分がなければ、いくらシステムやマニュアルが確立されていても、それは教科書通りの全く面白味のないものになりかねない。

魅力ある業種、業態には必ずイロの部分が必要なのだ。

イロ、すなわち少しのいかがわしさが加味されれば、人間社会における男と女の関係が発展し、文化や経済が活性化するのである。

9　スケールは世界へ

情報革命により世界の距離がなくなりつつある。時間を軸とすれば国内よりも近い海外もある。市場は世界である。スケールは世界的規模での展開が可能となる。

マルチメディアの発達により、新しいコミュニケーション革命が起こった。この革命はコンピュータ業界だけでなく、個人から企業、さらに政府にまで影響を及ぼし、以前にも増して革新的に新時代へ導くものになるはずだ。これから起こるコミュニケーション革命がもたらす利益は、かつてのパソコン革命の比ではなく、はるかに大きなものになるだろう。

地球規模で相互接続されたコンピュータは、情報ハイウェイと呼ばれるネットワークを形成する。その先駆けはインターネット、つまり最新の技術を使って接続され、情報を交換するコンピュータ群である。高度にメディア化された、このネットワークにより、情報は瞬時に世界各国に伝わる。距離に縛られず、コンタクトしている相手が隣にいようが、別の大陸にいようが関係ない。居ながらにして世界各国の情報が入手でき、時間を軸とすれば国内より、むしろ海外の方が近い存在になったのだ。

これまでも事業が成功し、ある程度安泰であれば、海外へのあこがれから、次の目的として海外進出という夢を持つ事業家も多かった。にもかかわらず、失敗の大きな原因ともなる情報不足のため、ためらっていた事業展開への不安が解消された。国内での展開を一気に飛び越え、スケールは世界的規模での展開を可能とさせたのだ。

市場は世界へと広がったのである。今後、海外への事業展開を行う企業がさらに増えるに違いない。しかしここでも、コンピュータによる情報はあくまでも一つの要素に過ぎず、事業を行う上では、様々な要素が複雑に絡まり合っているという基本を忘れてはならない。

特に海外におけるエリアマーケティングは最も重要な要素であり、日本との文化や風土、また歴史や国民性の違いを把握していないと、やはり失敗の原因になる。日本で成功したからといって、その事業、あるいは商品を、そっくりそのまま海外へ持っていっても成功するとは限らないのだ。その国の文化や風土などの違いを見極めた上での、事業展開をしなければ成功はない。

そして一方では海外での事業は、海外を事業の場として利用するだけで、利益を日本に持って帰るという発想では成功に結びつかない。

今後、世界各国で行われるであろう海外事業で勝ち残っていくためには、その国とともに栄えようという気持ち、運命共同体であるという精神を持ち、その国を理解した上での事業展開をするべきである。

10　成功への原理原則

健全な事業とは成功すること、すなわち勝つ事業である。勝つという真理に基づき、経営活動をするのである。それが成功への原理原則である。

事業とは、一定の目的と計画に基づいて経営する経済活動である。健全な事業を行うには、目標を達成するという強い信念が必要だ。常に全力を尽くすという心構えが迅速な行動となり、あつい情熱となる。

そして利潤を追求する上で様々な手立てを講じ、それにともなって得られた利益は、事業が顧客ニーズに応え、いかに最良の商品（サービス）を提供したかの指標となる。それは事業の存続と発展に大きく影響するものだ。大きくはビジネスの成功の尺度であり、かつ事業の報酬となる。適正な利潤は将来への健全な事業の証である。

事業は真剣勝負なのだから、損をしたり儲けたりすることの繰り返しによって、いつか成功するという甘い考えでは成功に至らない。成功すること、すなわち勝つことを真剣に考え、実行すればかならず成功するものである。負けて思うことと、勝って見えることには雲泥の差があるのだ。結果が出せなければ何にもならない。意味のないことと同じだ。

成功しないのは時代や運によるものではなく、経営の仕方が的を射たものではないからだ。確たる信念を持ち、その方向にしたがって進めば事業は必ず成功する。そして、結果は絶対なし遂げるという実行者の心により得られるものだ。

経営はきれいごとではない。国内だけでも数十万の会社の中で、今日もいくつかが生まれ、いくつかが倒れていく。食うか食われるか、未来明るい企業より、先行きの見えない会社の方が多いわけである。甘い経営判断は即、命取りになる。夢や希望だけでは飯は食えない。企業の宿命として勝ち続けることが絶対条件なのだ。

勝利に至るまでの道程において、事業を営むという同じ意志のもとに、同じ思いのヒトが集まり、共通の意識を持った上で創り上げていく。あらゆるヒトたちの熱い思いが、成功という目的のもとに集まるのだ。成功するための原理原則を知り、それにしたがうことの大切さと正しさ、これは人生を歩む上での正しさでもある。

ヒトにおいても同じことだ。決してカネやビジネスだけではなく、おのおのの人生においての達成感や充実感、そして満足感が得られることが、ヒトにおいての成功だといえる。みずからの目標を明確に定め、確固たる信念のもとに具体的な形をつくり上げるという、真摯な姿勢と心こそが勝つ方法だ。みずからの持つ技術を基礎に、どの道を選べば人々に喜ばれ、また、それが広くは社会のためになるかどうかを見極めることが、結果として成功を生むのだ。

おのおのがみずからの人間力を鍛え、人格を磨いて、自分そのものを武器とするものであり、営々と行われる切磋琢磨が、経営そのものであるとともに、経済社会における人間文化なのだ。

そして事業という難しくも、素晴らしい活動を通じて産業を発展させ、社会へ貢献することができた時、それは大きな成功といえるだろう。

あとがき

私自身まだまだ発展途上の身において、このような成功する人に関する様々な発想を述べるのは生意気であり、誠におこがましい限りです。もちろん事業家としての大先輩や、人生の諸先輩方に提言するなどというものではありません。

しかし成功するための意識というものを常に持ち続けたいと考え、前半では手法や意識を、今ここで再確認したいと思いました。

また後半のヒストリーにおいては、これまでのわずかな経験の中から得た、事業とヒトとの関係、事業についての原理原則、生涯計画などを記しました。これは決して私自身が成功したという意味ではありません。

未熟ながらも事業家として、これまでの経験を通して目で見、心に思い、身体で感じてきたこと、その喜びを少しでも感じていただき、みなさまの成功への意識に何らかのお役に立てればと記したことを、ご理解いただきたいと思います。

本書を書き終えてみてつくづく感じたことは、これまでの人生を振り返った時、いつの時でも人の熱い思いに支えられてきたということです。クライアントの方々や、お取り引き先さまには多大なる信頼をいただき、先輩やスタッフたちにも教えられ、助けられてきたことが何度あったことでしょう。そのみなさま方への感謝の気持ちは生涯忘れられるものではありません。

二十一世紀という新しい時代をみなさまとともに発展し、成功を勝ち取っていくことが私自身、みなさま方へのご恩返しであり、使命だと感じております。

本書を出版するに当たってご尽力いただいた多くの方々に心から感謝を捧げます。本書が読者の方々の人生にとってほんの些細な手引きになれば、私にとってこんな幸せなことはありません。

平成十二年二月

加藤友康

【著者紹介】
加藤 友康（かとう・ともやす）

1965年生まれ。
総合的なレジャー開発を行うプロデュース企業、カトープレジャーグループ　グループ8社のC.E.O.
在学中より事業に携わり、大学卒業と同時に代表取締役に就任。以降10年間で社業を年商規模30倍、100億円の企業に成長させた。90年頃より事業を計画からデザイニング、運営に至るまで総合的に開発するトータルプロデュースシステムの重要性を提唱。それは主としてホテル事業において数多くのプロデュース事業成功例として結実し、現在は全国各地でレジャーホテルのみならずシティーホテル、フードサービス、フィットネスクラブ、リゾート開発を手がける他、公共事業のプロデュースにまで発展している。日本全国40ヶ所以上の事業所には1,200名のスタッフが、年間300万人を超えるゲストを迎えている。最大のピンチといわれる現在の経済情勢にあって、不良債権の処理、企業経営の活性化、公共事業の事業的成功など、時代の孕む命題に明快な答えを出すそのプロデュース活動は今後も各界からの注目度は高まっていく。
著書に『変貌する欲望空間』『商内（あきない）革命　成功へのプロデュース思考』がある。

カトープレジャーグループ
東京本社
〒151-0051 東京都渋谷区千駄谷3-5-7
TEL.03-3746-0666　FAX.03-3479-0707
大阪本社
〒543-0051 大阪市天王寺区四天王寺2-1-9
TEL.06-6771-0111　FAX.06-6772-8128
URL　http://www.kpg.gr.jp

成功する人

2000年 5 月17日　第1刷発行

著　者　加 藤 友 康
発行人　浜　　正 史
発行所　株式会社　元就出版社
〒171-0022 東京都豊島区南池袋4-20-9サンロードビル301
TEL.03-3986-7736　FAX.03-3987-2580
振替.00120-3-31078
印刷所　東洋経済印刷株式会社
※乱丁本・落丁本はお取り替えいたします。

ISBN4-906631-48-7　C0034